In einer Höhe von 1373 m überblickt man vom Lusengipfel die bewaldeten Bergrücken des Bayerischen Waldes und des Böhmerwaldes.

Sven Zellner

Bayerischer Wald

Wo Wildnis erwacht

Text von Klaus Möller

Tecklenborg Verlag

Umwelthinweis:
Das Buch wurde auf Papier mit chlorfrei gebleichtem Zellstoff gedruckt. Das Einbandmaterial ist recyclebar.

Die Deutsche Bibliothek – CIP Einheitsaufnhme

Bayerischer Wald
Wo Wildnis erwacht
Sven Zellner. – Steinfurt: Tecklenborg Verlag, 2000
ISBN 3-924044-57-0
NE: Zellner, Sven

1. Auflage Oktober 2000

Layout: Jan Tölle, Münster
Karten: Stefan Engelen
Lithoherstellung: Druckhaus Tecklenborg

Printed in Germany by
Druckhaus Tecklenborg, Steinfurt

ISBN 3-924044-57-0

Vorhergehende Seite: Meist weht der Wind aus westlicher Richtung. Besonders während der Wintermonate jedoch, wenn über Osteuropa ein ständiges Hochdruckgebiet liegt, bläst der „Böhmwind" von Osten her. Er bringt arktische Kaltluft und wird häufig von großen Temperaturstürzen begleitet.

Von den beiden Gipfeln Rachel und Lusen hat man eine gute Sicht über die Bergrücken des Bayerischen Waldes und des Böhmerwaldes. Von hier aus ist ein kleiner Teil des größten geschlossenen Waldgebietes Mitteleuropas zu überblicken. Im Osten, wo sich Sonne und Mond über den Horizont schieben, dehnt sich der tschechische Nationalpark Šumava aus.

Die Schachten sind ehemalige Weideflächen im geschlossenen Wald. Die Bauern im Tal nutzten diese in Kombination mit der Waldweide als zusätzliche Weideflächen für Jungrinder und Stiere.

Vorwort

Sinner
Ltd. Forstdirektor

Folgende Doppelseite: Luchse sind perfekte Pirschjäger, die sich lautlos an ihre Beute heranschleichen, um sie dann in einem kurzen Sprint einzuholen und mit einem Kehlbiss zu töten. Im Bayerischen Wald stellen Rehe ihre Hauptbeute dar.

Über den Nationalpark Bayerischer Wald sind schon viele Bücher erschienen.
Das Buch mit Bildern von Sven Zellner hat im Reigen dieser Veröffentlichungen einen ganz besonderen Platz.
Es beschäftigt sich nicht mit einem wissenschaftlichen Thema zu Naturwaldentwicklung, es dokumentiert und interpretiert nicht bestimmte fachliche Aspekte dieses neu entstehenden Urwaldes im Bayerischen Wald.
Sven Zellner betrachtet den Nationalpark Bayerischer Wald ausschließlich mit dem Auge des Fotografen, sucht seine Atmosphäre einzufangen, zu verdichten, auf den Punkt zu bringen. Die Schönheit dieses wilden Waldes im kleinen wie im großen zu zeigen, über die Jahreszeiten hinweg, ist das Anliegen dieses Buches. Froststarrender Winter, hitzeflimmernder Sommer, lebenslustvoller Frühling, farbiger, leuchtender melancholischer Herbst – in den Bildern von Sven Zellner erwacht dies zum Leben.
Der neu entdeckte Urwald im Herzen Europas, unvergleichlich einmalig zwischen Atlantik und Ural, zeigt in der Zeit des Sterbens der alten Bäume, des Werdens des jungen Waldes, sein unverfälschtes Bild wieder, erschreckender, begeisternder Schönheit.
Dieses Buch lädt ein, sich auf diesen wilden Wald einzulassen, sich anregen und aufregen zu lassen. Wildnis – geheimnisvoll und schön, lichtdurchflutet, nebelverhangen, tiefverschneit – stundenweit zu erwandern, in einer wilden Blume am Wegrand zu finden.
Lassen Sie sich bezaubern und verführen von den Bildern aus dem Nationalpark Bayerischer Wald zur Lust auf Wildnis.

Grafenau, 25. Juli 2000

Einstieg

Hinter dem letzten noch frei fließenden Stück der Donau erhebt sich das dunkle Waldgebirge des Bayerischen Waldes. Den Besucher erwartet eine malerische Landschaft: Bunte Wiesen, munter fließende Bäche und reizvolle Dörfer – die Welt scheint hier noch in Ordnung zu sein. Kein Wunder, dass der Bayerische Wald zu den beliebtesten Ferienlandschaften Deutschlands zählt.
Viele Entwicklungen sind in dieser Region erst verspätet angekommen, und das hat diesem Landstrich nicht geschadet. Eine ungebremste Entwicklung beim Bau neuer Straßen, neuer Baugebiete und die Ausweisung von Gewerbegebieten auf der grünen Wiese hat hier kaum stattgefunden.
Über Jahrhunderte haben Land- und Forstwirtschaft den Bayerwald geprägt. Mit den immer schneller aufeinander folgenden Änderungen in der Landwirtschaft haben die Bauern hier nie Schritt halten können; zu schlecht waren die Bedingungen. Das Klima ist rau und die Reifezeit für das Getreide kurz, die Böden sind karg, die Höfe und Fluren klein und die eigenen Flächen liegen oft weit verstreut. Um die Dörfer herum finden sich Wiesen und Äcker, die entfernt liegenden Flächen blieben oft Wald. Die reizvollen Hecken, die die Landschaft gliedern, sind das Ergebnis des mühevollen Einsammelns der Steine aus den Äckern, die an den Grundstücksgrenzen abgelegt wurden. Darauf haben sich die Bäume und Sträucher angesiedelt.
Aufgrund der zahlreichen Niederschläge war die Region besonders reich an Mooren und Feuchtwiesen. Man hat vieles versucht, um die Produktionsbedingungen zu verbessern. Im großen Maßstab wurden Moore trocken gelegt und Bachläufe verlegt, um den Ertrag von Wiesen und Äckern zu steigern.
In den letzten Jahrzehnten hat die Flurbereinigung die Entwässerung der feuchten Wiesen weiter vorangetrieben; Hecken wurden beseitigt und Flurstücke vereinigt. Immer wieder wurden Flächen aufgegeben und in mehreren Wellen aufgeforstet. Inzwischen ist über die Hälfte des Bayerischen Waldes wieder mit Wald bedeckt. Doch so groß die Anstrengungen auch waren, die Erfolge blieben bescheiden.
Noch heute prägt eine Vielzahl von Mooren, Streuwiesen und Hecken das Landschaftsbild. Mit dem aufkommenden Tourismus wurde den Einheimischen bewusst, dass gerade diese wenig ertragreichen Landschaftsteile für viele Besucher den Reiz des Bayerischen Waldes ausmachen.
Heute erkennt man die Grenzen eines „Immer weiter und immer schneller". Die Stärke dieser Region liegt in einer langsamen, bedächtigen Entwicklung; sie bietet viele weiche Standortvorteile. Der Tourismus hat vielen die Augen geöffnet und in den letzten Jahren besinnt man sich immer mehr auf die eigenen Stärken. Als Beispiel mag die Glaserzeugung dienen: Sie ist technisch und künstlerisch Weltklasse.
Wälder und Wiesen laden zur Erholung mit allen Sinnen ein. In der Mitte dieser Kulturlandschaft wurde 1970 der erste Nationalpark Deutschlands gegründet – 240 Quadratkilometer Wald, deren Entwicklung heute immer mehr der Natur überlassen wird.

Der Braunbär gehört zu den ursprünglichen Bewohnern des Bayerischen Waldes. Der letzte Bär wurde 1856 erlegt. Doch auch für den Bär ist eine Rückkehr in den Bayerischen Wald grundsätzlich möglich.

Wildnis in Deutschland

Beim Stichwort „Wildnis“ kommt uns eher die afrikanische Steppe in den Sinn, wo Löwen dösen, Geparden jagen und riesige Gnu- und Zebraherden grasen. Oder wir denken an die endlos scheinenden Wälder Nordamerikas, wo Bären Lachse fangen, Wolfsrudel nach Bisons jagen und Weißkopf-Seeadler am Himmel kreisen. Auch die raue, scheinbar lebensfeindliche Antarktis, wo die Kaiserpinguine der Kälte trotzen, verbinden wir mit „Wildnis“.
Doch Wildnis ist auch in Deutschland möglich. Meist überrascht sie uns und wir staunen oder fürchten die ungebändigte Natur, wenn in den Alpen Erdrutsche die Hänge hinabgleiten, Hochwasser plötzlich Auen überfluten oder Orkane über das Land peitschen und Schneisen in den Wald schlagen. In einigen Nationalparken wie dem Bayerischen Wald, Berchtesgaden oder dem Wattenmeer werden Wälder oder das Watt nicht nur vor menschlichen Einflüssen geschützt, in die natürlichen Abläufe dieser Lebensräume wird auch nicht eingegriffen. Hier können wir „Wildnis“ hautnah erleben.
Blickt man in der Geschichte zurück, so nimmt die „Wildnis“ in unserem Sprachgebrauch keinen rühmlichen Stellenwert ein. Im „Deutschen Wörterbuch“ der Gebrüder Grimm – bei weitem nicht so bekannt wie ihre Märchensammlungen – wird das Wort „wild“ von „Wald“ hergeleitet: „Denn weil ein Wald eben nicht der Ort ist, wo eine wohlanständige Sittsamkeit ihre Wohnung aufschlagen kann, so pfleget man alles, was unbändig, rau, eigensinnig, ungezogen, unfreundlich, und vor sich nach eigenem Gefallen zu leben geneigt ist, wild zu nennen.“
Doch gerade in Deutschland besteht ein besonderes Verhältnis zum Wald. In keinem anderen Land wird der Wald so stark zur Erholung, zum Wandern oder Spazieren gehen genutzt. Viele Menschen haben schon früh eigene, prägende Situationen erlebt, die mit dem Wald in Verbindung standen. Sei es ein Staunen im geschlossenen, aus alten Stämmen bestehenden Buchenwald oder ein eher unheimliches Gefühl im dichten Fichtenforst, das Sammeln von Pilzen oder Heidelbeeren oder ein Picknick auf einer Waldwiese – oft sind es starke Gefühle, die uns mit dem Wald verbinden.
Vom einstigen Wald, der den größten Teil des Landes bedeckte, ist noch rund ein Drittel übrig geblieben. Seit Jahrhunderten wird unsere Landschaft genutzt; wir leben schon lange in und von einer durchorganisierten Kulturlandschaft. Dazu gehören offene Wiesen- oder Ackerlandschaften, durch Hecken gegliederte Feldfluren, aber auch Wiesen mit alten, einzelnen Laubbäumen oder Streuobstwiesen am Rande der Dörfer.
In den letzten Jahrzehnten haben Straßenbau sowie die Erschließung neuer Wohn- und Gewerbegebiete die Landschaft erheblich verändert. Inzwischen reihen sich endlos scheinende Ackeranbaugebiete an monotone Fichtenforste, die großen Flüsse sind begradigt und reguliert und ähneln heute mehr Kanälen als Fließgewässern.

In besonders abgelegenen und schwer zugänglichen Bereichen des Nationalparks gibt es noch Urwaldreste, die bis heute praktisch unberührt geblieben sind. Dort liegt das Totholz quer übereinander und junge Bäume wachsen im Schutz der alten Urwaldriesen.

Hier ist kein Platz mehr für Wildnis, für Flächen, auf denen sich Natur nach ihren eigenen Gesetzen entwickeln kann.
Uns ist die Wildnis ganz allmählich, Stück für Stück, verloren gegangen. Die Landschaften in Deutschland haben sich langsam verändert - so langsam, dass der Verlust nicht wahrgenommen wurde oder nichts bedeutete.
Das war in den USA anders. Als dort um die Mitte des 19. Jahrhunderts der Westen des Landes immer weiter erschlossen wurde, trafen die Siedler auf weite, wilde und unberührt scheinende Landschaften wie das Bergmassiv der Rocky Mountains mit den Wasserfällen des Yellowstone, den Geysiren und Quellen. Ähnliches hatten sie zuvor nie gesehen. Die rasche Erschließung und Industrialisierung des Landes war bereits in vollem Gange, so dass die Unterschiede zwischen dem Wachstum der Städte im Osten und dieser Naturlandschaft besonders auffielen. Um die Landschaft im Bereich der Yellowstone-Fälle vor dieser Erschließung zu schützen, wurde 1872 dort der erste Nationalpark der Welt ausgewiesen. Die wilde Natur wurde für den damals jungen Staat – gewollt oder ungewollt – zu einem Symbol für Freiheit und für ein eigenständiges Nationalbewusstsein.Wildnis ist ein vielschichtiger Begriff. Er ist beladen mit Träumen, Wünschen, Ängsten und Hoffnungen. Das Wort Wildnis lockt mit einer unberührten Natur, in die nie vorher ein Mensch seinen Fuß gesetzt hat und weckt Hoffnungen auf ein grandioses Naturerlebnis. Wildnis ist der Gegenpol zu unserem täglichen Leben in den Städten und Dörfern. Je nachdem, wie das eigene Verhältnis zu ihr ist, soll Wildnis die Sehnsucht nach einer Natur stillen, deren Kreisläufe noch ungestört sind. Oder sie soll Vorbild für unseren Umgang mit der Natur sein und uns zu neuen ökologischen Erkenntnissen verhelfen. Plötzliche Veränderungen einer Landschaft, etwa durch einen Sturm, können auch ängstigen und verunsichern. Denn Wildnis ist nicht vorhersagbar und nicht beherrschbar.
Dass Wildnis mehr ist als ein naturwissenschaftlicher Terminus, hat Henry David Thoreau, ein früher amerikanischer Kritiker des unbeschränkten Konsums, bereits 1856 erkannt. Wildnis war für ihn der Inbegriff von Freiheit, Inspiration und mentaler Erholung: „Es ist umsonst, wenn wir von einer Wildnis träumen, die in der Ferne liegt. So etwas gibt es nicht. Der Sumpf in unserem Kopf und Bauch, die Urkraft der Natur in uns, das ist es, was uns diesen Traum eingibt."
Die Anziehungskraft von Wildnis ist heute stärker als je zuvor. Mit der fortschreitenden Technisierung und Organisierung der Welt wird auch das Bedürfnis nach wilder, ungezügelter, nicht beherrschbarer Natur größer. Edward Abbey, ein Schriftsteller aus dem Südwesten der USA, beschreibt sein Verständnis von Wildnis:
„Wildnis. Das Wort selbst ist Musik. Wildnis, Wildnis. Wir wissen kaum, was wir mit dem Begriff meinen, doch sein Klang erreicht alle, deren Nerven und Gefühle nicht vollständig abgestumpft sind, betäubt von der Katzenmusik des Kommerz, dem brodelnden Kampf um Profit und Vorherrschaft. Warum solch eine Anziehungskraft in einem Wort? Was bedeutet es genau? Kann Wildnis mit den Worten der Regierung beschrieben werden als „ein Gebiet mit mindestens 2000 Hektar zusammenhängenden Landes ohne Straßen?" Es bedeutet etwas Verlorenes, das doch noch da ist, etwas Entferntes und doch vertraut, verschüttet in unserm Blut und in unseren Gedanken, etwas, das über uns hinausgeht und keine Grenzen hat."
Nationalparke sind bisher die einzigen Gebiete in Deutschland, in denen sich Wildnis wieder auf großer Fläche entfalten kann. Hier hat sich die wirtschaftliche Nutzung zurückgezogen, um der Natur wieder Platz zu machen. Doch eine Ver-Wilderung ist auch auf kleinen Flächen möglich: im eigenen Garten, einem

brach gefallenen Grundstück in der Stadt oder einem still gelegten Acker.
Will man aber die Dynamik von ganzen Landschaften möglichst ungestört ablaufen lassen und beobachten, gibt es keine Alternative zu einem großen Nationalpark. Nur durch ein Zulassen von Wildnis im Nationalpark kann sich wieder ein arten- und strukturreicher, naturnaher Wald entwickeln.
Im Nationalpark Bayerischer Wald werden natürliche Katastrophen wie Stürme, Windwürfe und die massenhafte Ausbreitung von Insekten akzeptiert, sie sind ein natürlicher Bestandteil der Wildnisentwicklung.
Ein Weg zurück zum Urwald ist dem Nationalpark versperrt. Doch der Weg in die Zukunft zur Entwicklung einer neuen Waldwildnis steht weit offen. Ein früherer menschlicher Einfluss ist kein Grund, warum sich nicht eine neue Wildnis entfalten kann. Die Entscheidung zum Nichts-Tun ist genauso bedeutsam wie die Entscheidung zum Eingreifen in Naturvorgänge und geht gerade in einem Nationalpark, der inmitten einer Kulturlandschaft liegt, nicht ohne Management.
Natürliche Prozesse werden von Tier- und Pflanzenarten mitgestaltet. Vögel verbreiten die Samen von Baumarten, Rehe verbeißen die Triebe junger Bäume, Beutegreifer wie der Luchs verringern wiederum die Anzahl der Rehe und haben zudem auch Einfluss auf ihr Fressverhalten. Zudem geht der Lebensraum vieler Tiere über den Nationalpark hinaus; Luchs und Fischotter, Auerhuhn und Schwarzspecht brauchen größere Lebensräume, damit eine genügend große Anzahl im Bayerischen Wald langfristig überleben kann.
Ein Schutz der natürlichen Entwicklung ohne einen Schutz der daran beteiligten Arten ist nicht denkbar.
Auch manche neue Diskussionen stellen das Management des Parks auf die Probe. Vielleicht haben die Pflanzenfresser, von denen noch lange nach der Eiszeit viele heute ausgestorbene Arten in den Wäldern lebten, einen ganz anderen Wald entstehen lassen. Vielleicht gab es schon immer natürliche Lichtungen, die von kleinen Herden beweidet wurden und die daher lange baumfrei waren. Dann muss tatsächlich die Regulierung des Rehbestandes, der sich nach dem Verbiss der Jungbäume richtet, gründlich überdacht werden.
Das Management muss auch berücksichtigen, wie sich die Einflüsse der wandernden Arten auf den Nationalpark auswirken. Dabei nimmt der zurückgekehrte Luchs eine wichtige Rolle ein, die bei der Regulierung des Rehbestandes bedacht werden muss, bis die Bejagung von Rehen möglichst bald ganz eingestellt wird.
Außerdem ist dafür Sorge zu tragen, dass die Bestände gefährdeter Arten gestützt werden (wie z.B. beim Auerhuhn) oder verschwundene Arten wieder eingebürgert werden (wie das beim Habichtskauz geschehen ist). Nach einer Stützung des Bestandes wird der weitere Ablauf der Natur überlassen. Auch Wolf und Bär, Biber und Elch – sollten sie einmal von allein zuwandern – gehören in das Ökosystem Wald des Nationalparks und würden darin ihren Platz einnehmen.
Management-Maßnahmen beziehen sich auch auf menschliche Bauwerke wie Forstwege oder den Verbau von Bächen, die im Laufe der Zeit entstanden sind. Nach einem Rückbau stellen Forstwege keine Wanderhindernisse für Kleintiere mehr dar.
Heute können Bäche vielfach nicht über die Ufer treten und ihren Lauf selbst gestalten. Daher werden Uferverbauungen entfernt. Nun kann sich der Bach seinen Weg wieder selbst suchen, kann Ufer wegschwemmen, neue Kiesbänke anlegen und im nächsten Jahr wieder

zerstören und vielleicht neue Bacharme bilden. Auch die Erschließung für Erholung Suchende verlangt nach einem klugen Management. Dabei sind zwei Millionen Besucher pro Jahr im Nationalpark nicht leicht zu steuern und mitunter wird der Schutz empfindlicher Lebensräume und die Erschließung besonderer Naturschönheiten zu einer Gratwanderung zwischen Naturschutz und Erholung.
Grundsätzlich gilt: Je größer die Fläche ist und je naturnäher die Lebensräume in einem Nationalpark sind, umso geringer müssen steuernde Maßnahmen sein. Ganz auf sie verzichten kann – umgeben von einer durchorganisierten Landschaft – heute kein Nationalpark in Deutschland. Management-Maßnahmen sind notwendiger Teil eines Nationalparks. Ziel ist es, sie so gering wie möglich zu halten und sie immer weiter zu verringern.
Als Motor für die Wildnis-Entwicklung des Nationalparks haben sich die heftigen Stürme der Jahre 1983 und 1984 erwiesen. Nach fast 20 Jahren kann man bereits sehen, dass aus den von Fichten dominierten, gleichaltrigen und oft monotonen Wäldern, die zu Boden geworfen wurden, ein ganz anderer Wald wurde. Ein artenreicher, vielgestaltiger Mischwald, der dem natürlichen Standort eher entspricht, ist bereits heute zu sehen.
Doch diese Windwürfe wurden und werden von vielen Menschen als Katastrophe angesehen. Verständlich, denn normalerweise ändert sich das Gesicht einer Landschaft, besonders einer Waldlandschaft, nur allmählich und kaum merkbar. Drastische Veränderungen der Natur gehen meist ausschließlich vom Menschen aus, der durch seine Bewirtschaftung die Landschaft formt. Es regen sich daher auch kaum Proteste, wenn innerhalb weniger Jahre Wälder durch den Neubau von Straßen zerschnitten oder Wiesentäler verbaut werden.
Für die Funktion dieser vermeintlichen Katastrophen ist der erste nordamerikanische Nationalpark Yellowstone Vorbild. Nach verheerenden Waldbränden 1988 wächst inzwischen wieder ein neuer Wald. Die Dreh-Kiefern dieses Gebiets benötigen sogar Feuer, um sich zu vermehren. Ihre Zapfen lassen die Samen erst bei sehr hohen Temperaturen frei, wie sie nur durch Feuer entstehen können.
Auch „Katastrophen" wie die massenhafte Vermehrung des Borkenkäfers gehören zum Repertoire der Natur. Die Auseinandersetzung mit dieser so anders verlaufenden Waldentwicklung verlangt auch die Auseinandersetzung mit der neu entstehenden Wildnis. Wildnis verlangt, Unvorhergesehenes und ständige Veränderungen zu akzeptieren. Sie kann dazu beitragen, ein Gespür für eine nicht vom Menschen bestimmte Natur wiederzufinden und sich den Respekt vor ihr zu bewahren. Heute, da der Grenzzaun zwischen Wildnis und Zivilisation gezogen ist, ist es eine Kulturaufgabe unserer Zeit, die Idee von Wildnis zu verwirklichen.
Auch der Mensch entstammt schließlich der Wildnis. Seine Zivilisation ist rascher vorangeschritten als das biologisches Erbe. Eine so starke Entkoppelung des Menschen von der Natur, wie sie heute oft versucht wird, ist wohl doch nicht möglich. In dem Maß, in dem unser Naturerleben immer geringer wird, brauchen wir immer stärker die sinnliche Begegnung mit ursprünglicher, nicht gebändigter Natur. Verlieren wir die letzten ursprünglichen Wälder, Seen und Flüsse, so verlieren wir auch die Vorstellung davon.
Die Entwicklung des Waldes braucht Zeit. Mit dem Betreten der neuen Waldwildnis im Nationalpark treten wir auch in eine neue Zeitrechnung ein. Für das Wachstum von Bäumen und Wäldern sind andere Maßstäbe anzulegen als für unsere

Das Bergglöckchen (Soldanella montana) ist charakteristisch für den Bayerischen Wald. Auf den sauren Rohhumusböden der natürlichen Fichtenwälder kommt die ansonsten sehr seltene Pflanze häufig vor.

eigene Lebensspanne. Denken wir an Christian Morgensterns Gedicht, in dem sich zwei Tannenwurzeln unterhalten: „Die eine sagt: knig. Die andere sagt: knag. Das ist genug für einen Tag."

30 Jahre, die der Nationalpark bisher besteht, entsprechen noch nicht einmal einem Zehntel einer Baumgeneration.

Natürliche Prozesse sind in den Landschaften Deutschlands heute ebenso gefährdet wie viele Pflanzen- und Tierarten. Zwar lässt sich Wildnis auch auf kleinen Flächen erleben, aber wenn sich Wälder wieder selbst entwickeln sollen, brauchen sie vor allem Platz. Dazu ist womöglich nicht einmal die heutige Fläche des Nationalparks Bayerischer Wald ausreichend, sondern zusätzlich noch die des tschechischen Nationalparks Šumava notwendig.

Wir haben erfolgreich unseren Platz gegen die Natur behauptet, im Willen und mit dem Ziel, sie zu zähmen. Doch haben wir unseren Platz in der Natur eingenommen? Anhand der neu entstehenden Wildnis können wir unsere Einstellung zur Natur prüfen.

Die Gestaltung einer Landschaft wieder der Natur zu überlassen, schien undenkbar. Die Wildnis war besiegt und die Urbarmachung des Landes vollendet. Dort, wo man Jahrhunderte lang die Natur für sich genutzt hat, fällt es heute schwer, ihr wieder das Feld zu überlassen – selbst wenn das nur auf einem vergleichsweise kleinen Stück Landes geschehen soll.

Der Nationalpark Bayerischer Wald und seine einmalige Entwicklung zeigen, dass es auch in Deutschland möglich ist, ein großes, zusammenhängendes Waldgebiet wieder sich selbst, wieder der Natur zu überlassen und die ihr innewohnende Wildnis zu wecken.

Die Bastschicht der Bäume ist für den Transport der Nährstoffe zuständig. Der Buchdrucker legt seine Fraß- und Brutgänge in genau diese Schicht der Fichte. Der Nährstofffluss wird so unterbrochen, der Baum stirbt langsam ab. Die Muster seiner Fraßgänge erinnern an die Seiten eines geöffneten Buches und führten zu seinem Namen.

Unzugängliche, an steilen Felswänden gelegene Wälder waren von jeher für die Holznutzung uninteressant und blieben deshalb von der Axt verschont. Dort befinden sich die Reste wilder Urwälder, die Europa einst weitgehend bedeckten.

Wölfe leben in Rudeln und zeigen dort ein ausgeprägtes Sozialverhalten. Im Rudel herrscht eine eindeutige Rangfolge, wobei stets die Position des Alphaweibchens die Wichtigste ist. Nur sie darf Junge bekommen.

Die alten, abgestorbenen Fichten im Hochwald sind in Europa ein ungewohnter Anblick. Auf faszinierende Weise erneuert sich dieser nur scheinbar tote Wald aus eigener Kraft.

Im Aufichtenwald breiten sich Teppiche von Torfmoosen aus. Die toten Zellen dieser Moose bilden den Torf der Hochmoore und können über große Poren das 20-40fache ihres Gewichtes an Wasser aufnehmen.

Der Nationalpark

Von den Gipfeln des Bayerischen Waldes überblickt man ein endlos scheinendes Wäldermeer. Zu beiden Seiten des bis zu 1456 m hohen Grenzkamms dehnt sich das „Grüne Dach Europas" aus. Es ist das größte geschlossene Waldgebiet Mitteleuropas. Hier wurde 1970 der erste deutsche Nationalpark gegründet. Luchs und Fischotter hinterlassen hier ihre Spuren, Baumriesen dürfen in Ruhe wachsen und an ihrem Lebensende zu Boden stürzen, und der Borkenkäfer hat den Wald tiefgreifend verändert.
Am 7. Oktober 2000 feierte der Nationalpark Bayerischer Wald sein 30-jähriges Bestehen. Das 240 km² große Schutzgebiet hat eine bewegte Geschichte hinter sich.
Sollten Wälder zu Anfang noch sorgsam in naturnähere Bestände umgewandelt werden, wurde die Holznutzung im Laufe der Jahre immer weiter verringert und der Natur mehr Spielraum gelassen. Doch wie kräftig und plötzlich die Natur durch die Windwürfe und die nachfolgenden Massenvermehrungen der Borkenkäfer den Wald prägen würden, hatte sicher niemand vermutet. Natürliche Katastrophen als Teil des Nationalparks waren vor 30 Jahren noch nicht denkbar.
Der Nationalpark blickt nicht nur selbst auf eine aufregende Geschichte zurück, sondern war auch Vorbild und Ansporn für andere Nationalparke in Deutschland und Europa, und nicht zuletzt für das ambitionierte Nationalpark-Programm in den ostdeutschen Bundesländern. Heute kann sich im Nationalpark ungestört eine Waldwildnis entwickeln, die zwischen Atlantik und Ural einzigartig ist. Zudem ist der Bayerische Wald der einzige Nationalpark in Deutschland, dessen Fläche 1997 um weitere 110 km² fast verdoppelt wurde.
Bei der Umsetzung der Nationalparkidee ging es von Beginn an um mehr als einen naturnahen Wald mit seinen Lebensgemeinschaften auf großer Fläche zu schützen. Bereits 1970, im ersten Europäischen Naturschutzjahr, war auch das Verhältnis der Menschen zur Natur wichtig. Das machte Forstminister Hans Eisenmann bei der Eröffnung deutlich: „Unsere Einstellung zur Nationalparkidee kann künftig einer der Maßstäbe dafür sein, ob es uns gelingt, von herkömmlichen Denkweisen abzurücken und die Folgerungen aus einem neuen Verständnis der belebten Natur zu ziehen."
Der abgelegene Standort und die späte Erschließung des Bayerischen Waldes hatten hier noch vergleichsweise naturnahe Wälder erhalten. Innerhalb eines der ältesten Grundgebirge Mitteleuropas sind vor allem die letzten Eiszeiten für die heutige, sanft geschwungene Form der Landschaft verantwortlich. Das Klima des Bayerischen Waldes ist rau. Die Winter sind kalt und schneereich, besonders wenn der „Böhmwind" über den Grenzkamm in die Täler fährt. Die Sommer sind regenreich und mit einer Durchschnittstemperatur von 12° C, in den Tallagen im Juli nur mäßig warm. Von den insgesamt 1000 – 2000 mm Niederschlag fallen in den Hochlagen etwa die Hälfte als Schnee. Meterhohe Schneelagen sind daher keine Seltenheit. Bis zu sieben Monaten kann der Schnee hier liegen bleiben. Der 1453 m hohe Gipfel des Rachel erreicht nur eine jährliche Durchschnittstemperatur

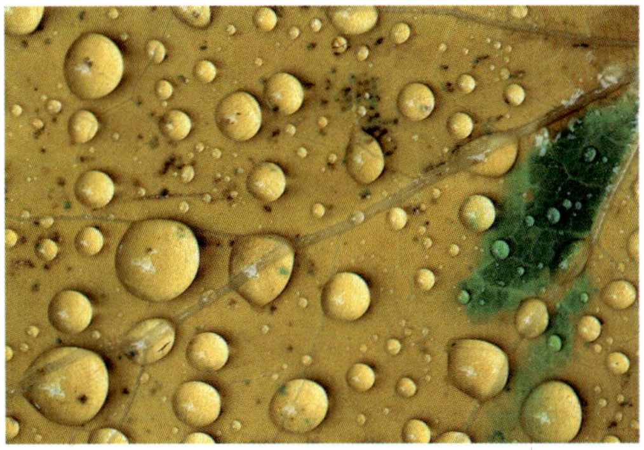

Das Urwaldgebiet Mittelsteighütte stellt den einzigen erhaltenen Urwaldrest in den unteren Hanglagen des bayerischen Waldes dar. Mit der Grenzziehung von 1763 wurde der Bestand zum Bannwald erklärt. Danach durfte kein Holz mehr geschlagen werden. 1939 wurde das 38 ha große Gebiet unter Naturschutz gestellt.

von 3° C, was an nordschwedische Verhältnisse erinnert.
Mitte des 19. Jahrhunderts wurden über 80 % der Wälder des Bayerischen Waldes noch als Urwälder bezeichnet. Auch der böhmische Dichter Karel Klostermann fand kurz vor der Jahrhundertwende noch Urwälder vor: „Wir brauchen nicht weit zu gehen, um in den Wald zu gelangen, wir gehen eigentlich immerfort im Walde, aber meist ist´s junger Anflug; die Stämme aber, die da modern zu Hunderten und Tausenden, einzeln und in Haufen übereinandergeworfen, mit Moos, Flechten und dichtem Heidel- und Erikagestrüpp überwuchert und von Myriaden von Pflanzenwurzeln wie mit unlöslichen Stricken verbunden, die künden dir eine kaum entschwundene Zeit, wo der Urwald in all seiner Pracht und tiefdüstern Majestät über den Häuptern der Menschenwürmern rauschte, deren Fuß diese stille Einöde betrat. Noch kannst du ihn sehen, lieber Leser, freilich nur beschränkte Strecken, aber doch Urwald, und eine Idee kannst du dir machen wie´s hier einst auf viele Quadratmeilen weit aussah."
Die Idee zur Ausweisung eines Nationalparks im größten zusammenhängenden Waldgebiet zwischen Bayern und Böhmen geht auf das Jahr 1911 zurück. Auf beiden Seiten der Grenze wurde die Forderung nach der Schaffung großer Gebiete im Bayerischen Wald laut, in denen die gesamte hier einheimische Tier- und Pflanzenwelt ein dauerndes Asyl erhalten soll. Auch künftige Generationen sollten sie in ihrer urtümlichen Schönheit und durch den Menschen unverfälscht erleben können.
Wenige Jahre später wurden im jetzigen Nationalparkgebiet besonders schöne Schluchtwälder wie das „Höllbachgspreng" unterhalb des Großen Falkensteins oder einige Urwaldreste wie die Mittelsteighütte als Schonbezirke ausgewiesen, in denen keine Nutzung mehr stattfinden durfte.
Doch das Vorbild der nordamerikanischen Nationalparkidee beflügelte weiter die Diskussionen. „Noch fehlt uns ein Nationalpark, wie die Schweiz einen besitzt, wo keine Axt hallt, keine Sense klingt, kein Schuss fällt, kein Vieh

weidet", beklagte der Forstbeamte Karl Rebel 1928. Ende der 30er Jahre begann die Reichsstelle für Naturschutz in Berlin mit der Planung eines über 2.000 km^2 großen Nationalparks Böhmerwald, der die Grenzen der beiden heutigen Nationalparke Bayerischer Wald und Sumava weit überschreiten und bis nach Österreich hineinreichen sollte. 1942 wurde die Ausweisung zurückgestellt. In der Zeit des Wirtschaftswunders nach dem Krieg wurde die Idee zwar zunächst aufgegriffen, aber erst Mitte der 60er Jahre wieder aktuell.

Der Bayerische Wald wurde lange Zeit als das „Armenhaus Bayerns" bezeichnet. Viele Menschen lebten von der Waldnutzung und einer kleinen Landwirtschaft mehr schlecht als recht. Durch die Grenzlage ging der wirtschaftliche Aufschwung der 50er Jahre an ihnen weitgehend vorbei. Nur vergleichsweise wenige Firmen bauten ihre Produktion im Bayerischen Wald auf. Noch heute müssen viele Arbeitnehmer wochenweise in die Industriezentren nach Nürnberg oder München pendeln.

Dafür begann gerade die Blütezeit des Tourismus. Er sollte in der Region wirkungsvoll gefördert werden. Um mehr Gäste anzuziehen war unter anderem geplant, neben dem Großen Arber nun auch am Rachel einen Sessellift zu bauen. Doch die Naturschützer um den bekannten Zoologen Bernhard Grzimek und den Vorsitzenden des Bund Naturschutz Hubert Weinzierl hatten einen besseren Vorschlag: Der Bayerische Wald sollte einen Nationalpark zwischen dem Rachel und dem Lusen bekommen. Die Natur sollte die eigentliche Attraktion des Bayerischen Waldes sein und das erste deutsche Großschutzgebiet so auch zu einem Publikumsmagneten für den Tourismus werden.

In einer Denkschrift, die sie dem damaligen Ministerpräsidenten Goppel überreichten, bezeichneten die deutschen Naturschutzverbände die Errichtung eines Nationalparks als besonders ernstes Anliegen und als den „heißesten" Wunsch der gesamten deutschen Naturschutzbewegung.

Bei den folgenden Diskussionen waren die größten Gegner innerhalb der Forstverwaltung zu suchen. Sie schlugen zur Tourismusförderung stattdessen den Bau einer Hochwaldstraße von Bodenmais über den Großen Falkenstein zum Lusen bis zum Dreisessel vor. Von dieser Bayerwald-Hochstraße sollten einige Stichstraßen zu besonders schönen Aussichtspunkten führen. Als „Geschenk" an den Bayerischen Wald wollte die Staatsforstverwaltung diese Hochstraße auf eigene Rechnung herstellen. Zusätzlich sollten in den Tallagen kleine Schauzoos angelegt werden. Wenn man heute auf einem der Bayerwaldgipfel steht, erschrickt man bei dem Gedanken, dass nur wenige Höhenmeter entfernt diese Straße laufen könnte. Die Abgeschiedenheit dieser Wälder wäre für immer zerstört gewesen. Vier Jahre lang wurde um Grenzen und Inhalte heftig diskutiert und ein Gutachten erstellt. Immerhin gab es bisher kein Vorbild für einen Nationalpark in Deutschland, so dass die Meinungen zum Beispiel um die Pflege des Waldes, die Einrichtung von Großgehegen und einer Einbürgerung von Tierarten weit auseinandergingen. Bernhard Grzimek und Hubert Weinzierl setzten ihr ganzes Renommee für diese Idee ein. Schließlich konnten sie überzeugen. Die Kommunalpolitiker forderten die Schaffung eines Nationalparks im Bayerischen Wald. Zur entscheidenden Sitzung fuhren sogar Hunderte von Bayerwaldlern nach München, um für ihren Park zu demonstrieren.

Die Buchberger Leite ist eine ursprüngliche Bachlandschaft im Nationalparkvorfeld, durch die sich die Wolfsteiner Ohe schlängelt.

Im Wald tummelt sich eine Vielzahl von Insekten. Obwohl sie wohl den größten Anteil an der Tierwelt im Wald ausmachen, führen sie oft ein Schattendasein jenseits der Beachtung des Menschen.

*„Als wolle er sich schützen,
schließt sich der Sauerklee bei
Einbruch der Nacht, bei
Regen oder wenn er berührt wird.
Seine Blätter bilden dann
eine Art Miniaturwall.
Bei Sturm wirft er manchmal
seine Blüten ab."
(Sheila Pickles:
„Die Sprache der Wildblume")*

Am 7. Oktober 1970 wurde schließlich zwischen Rachel und Lusen der erste Nationalpark in Deutschland mit einer Fläche von fast 130 km^2 eröffnet, fast ein Jahrhundert nach dem ersten Nationalpark der USA. Bereits ein Jahr nach der Gründung wurde auf 2500 Hektar die Holznutzung eingestellt und der geplante Bau von 115 km Forststraßen gestoppt.
Die Einrichtung von Wildgehegen sollte den Tourismus ankurbeln. Naturferne Wälder sollten sorgsam umgewandelt werden und eine der Kernfragen war, wie stark die Holznutzung eingeschränkt werden konnte. Eine internationale Definition für einen Nationalpark gab es damals noch nicht.
In den Anfangsjahren lag das Schwergewicht des Nationalparks in „gestaltenden Naturschutzmaßnahmen". Es wurde versucht, den seltenen und gefährdeten Tierarten zu helfen und unter lebhafter Beteiligung der Öffentlichkeit diskutiert, welche Tierarten wieder angesiedelt werden könnten. Schon nach wenigen Jahren setzte sich die Auffassung durch, dass die Entwicklung im Nationalpark möglichst wenig durch den Menschen beeinflusst werden sollte. Gleichzeitig wurde der unglaublich hohe Bestand an Hirschen verringert, der eine natürliche Waldentwicklung verhinderte. Dazu hatte nicht zuletzt Horst Sterns berühmte Reportage „Bemerkungen über den Rothirsch" beigetragen.
Die Holznutzung wurde innerhalb der ersten zwölf Jahre erheblich verringert, alte Bäume durften nun weiter wachsen. Uhu, Kolkrabe, Auerhuhn und Habichtskauz wurden wieder eingebürgert bzw. ihr Bestand durch Auswilderungen gestützt.
Das Tierfreigelände mit den naturnahen und großzügig dimensionierten Gehegen für heimische Tiere wurde bald gebaut und 1982 schließlich das Informationszentrum bei Neuschönau errichtet. Es trägt den Namen des ehemaligen Forstministers Hans Eisenmann, der eine Reihe mutiger und Weg weisender Entscheidungen für den Nationalpark getroffen hat. Die Verwaltung wies ein weitläufiges Netz von Wanderwegen aus, die zu den schönsten Punkten wie den Berggipfeln, zum Rachelsee oder durch das Klosterfilz führen. Zusätzlich wurden eigene Themenwege wie der durch das Felswandergebiet geschaffen. Von Beginn an wurden verbaute Gewässer wieder renaturiert und die vorherige Entwässerung der Moore rückgängig gemacht.
Eine Erschließung des Nationalparks, die gleichzeitig attraktiv für die Besucher ist und empfindliche Lebensräume schützt, ist bis heute eine Gratwanderung geblieben.
Anfang der 90er Jahre lockte der Nationalpark mehr als 1,2 Millionen Menschen an, die mehr als 60 Millionen Mark mit in die Region brachten. Er hatte die an ihn gestellten Erwartungen voll erfüllt.
Was lag also näher, als im zweiten Europäischen Naturschutzjahr 1995 den Nationalpark zu vergrößern. Hubert Weinzierl drängte 1995 auf die Erweiterung des Nationalparks Bayerischer Wald als Geburtstagsgeschenk für den Naturschutz in Bayern.
Wieder gingen die Bürger wegen des Nationalparks auf die Straße – diesmal jedoch demonstrierten sie heftig gegen seine Erweiterung. Ihrer Meinung nach hatte der Nationalpark inzwischen seine eigene Philosophie zu wört-

Im Frühjahr ist das Gefleckte Knabenkraut (Dactylorhiza maculata), eine Orchidee, häufig auf den Bergwiesen des Bayerischen Waldes anzutreffen.

Früh morgens müssen sich Insekten erst aufwärmen, bevor sie aktiv werden können.

lich genommen. Sicher, alte Bäume sollten wachsen können und der Wald sich im Lauf der Jahre auch verändern dürfen. Doch für viele Einheimische war es schwer zu ertragen, dass der Borkenkäfer sich im Nationalpark immer weiter ausbreiten konnte. Schlagartig wurde manchem bewusst, welche Konsequenzen die verstärkte Zurücknahme des Menschen auf den Wald haben konnte. Der Nationalpark sei der größte Waldfriedhof Europas und die Hänge des Rachel spieen Borkenkäfer wie ein Vulkan, so klang es bei den vehementen Diskussionen um die Erweiterung des Nationalparks.

Dabei ist der Borkenkäfer Teil eines natürlichen Waldes, ebenso wie Luchs, Dreizehenspecht, Rippenfarn und Fichte. Zu einer natürlichen Entwicklung gehören auch Natur-„Katastrophen" wie Stürme, Windwürfe, Hochwasser und die Massenvermehrung von Insekten. Der Nationalpark schützt nicht das gewohnte Bild des stillen, melancholischen Hochlagenwaldes, wie er von Adalbert Stifter beschrieben wurde. Er schützt die ungelenkte Entwicklung des Waldes.

In die vehemente Diskussion um die Erweiterung griff auch der damalige Bundespräsident Roman Herzog bei einer Rede im Bayerwald ein. Er hoffte, „dass die Menschen auch wieder lernen, dass man die Natur nicht nur nutzen, nicht nur ausnützen, sondern auch liegen lassen kann, entgegen allen vermeintlichen Erkenntnissen der deutschen Forstwirtschaft."

1997 wurde der Nationalpark schließlich um 110 km^2 erweitert. Die gesamte Nationalparkfläche ist im Besitz des Freistaats Bayern. Auf drei Vierteln seiner 240 km^2 großen Fläche ist die Holznutzung inzwischen eingestellt. Allerdings hatte die jahrelange, im Rahmen der Erweiterung häufig erbittert geführte Diskussion mit besorgten Gemeinden und allzu oft polemisch argumentierenden Gegnern auch ihren Preis. Es wurden im Erweiterungsgebiet lange Übergangsregeln festgelegt. Erst nach 20 Jahren wird auch im neuen Gebiet die Säge ruhen und das Holz im Wald verbleiben. Der Borkenkäfer wird im Erweiterungsgebiet wie bisher bekämpft. Die Bekämpfungszone am Rand des Nationalparks, die ein Überspringen in die angrenzenden Privatwälder verhindern soll, wurde vorsichtshalber auf über 500 m verbreitert – aufgrund der lang gestreckten Gestalt und teilweise geringen Breite des Nationalparks eine folgenreiche Entscheidung. In den Randbereichen unterscheidet den Nationalpark derzeit nichts von einem normalen Wirtschaftswald. Forstwege müssen in ausreichender Zahl erhalten werden und dort, wo die schweren Schlepper das Holz aus dem Wald herausgezogen haben, steht kein Baumsämling mehr.

Das Wegenetz wurde bis an die Grenzen des aus Naturschutzsicht Verantwortbaren ausgebaut. Dennoch gibt es viele Wünsche nach einer weiteren Erschließung des Parks, vor allem nach weiteren Grenzübergängen. Diese würden aber die Bestände der Raufußhühner im angrenzenden tschechischen Nationalpark ernsthaft gefährden.

Wölfe haben eine angeborene Scheu vor Menschen. Auch wenn sie hungern, stellen sie keine Gefährdung für den Menschen dar. Sie werden nicht direkt durch Hunger zur Jagd veranlasst, sondern durch einen Jagdreiz, der nur von Tieren ausgelöst wird, die in ihr Beutespektrum passen. Der Mensch zählt nicht zu diesem Spektrum. Er löst darüber hinaus einen Fluchtreiz aus.

Nebel ist im Bayerischen Wald sehr häufig und tritt vor allem in den Hochlagen verstärkt auf. Etwa ein Drittel des Jahres versinken die Berggipfel des Bayerischen Waldes in den Wolken.

Wölfe sind ausgeprägte Hetzjäger, die meist gemeinsam jagen.
Dabei gelingt es ihnen spielend, die Jagd untereinander perfekt zu koordinieren.
Das gemeinsame Jagen ermöglicht es ihnen, auch große Beutetiere,
wie z.B. Elche, zu erlegen.

Im Felswandergebiet
des Nationalparks
erlebt man ursprüngliche
Bergmischwälder.

In Skandinavien, Irland und
Deutschland werden der
Sumpfdotterblume, wie auch
dem Hahnenfuß, Zauberkräfte
zugeschrieben.

Auf der windabgewandten Seite des Lusen konnte sich seit der letzten Eiszeit nur eine dünne Bodendecke bilden. Latschen sind die einzigen Gehölze, die mit diesen mageren Böden an den Nord- und Osthängen zurecht kommen.

Während der Eiszeit waren die höheren Lagen des Bayerischen Waldes mit Firneis bedeckt. Die feinkörnigen Granite, die heute die Blocksteinhalde des Lusen bilden, ragten aus dem Eis hervor und waren deshalb besonders intensiv den Einwirkungen durch Frostsprengung und physikalischer Verwitterung ausgesetzt.

Zur Geschichte des Bayerischen Waldes

Als der „feindliche Nordwald“ wurde der Bayerische Wald von den Römern bezeichnet. Bis zum 8. Jahrhundert war er kaum besiedelt. Einzelne kleine Siedlungen gab es wohl schon lange davor, aber erst in den darauf folgenden Jahrhunderten wurden nach und nach kleine Anwesen und Dörfer vor allem mit Hilfe der Klöster Niederalteich gegründet. Regelmäßig überwunden wurde der Grenzkamm nur während der mühsamen, aber lohnenden Salztransporte aus Österreich oder Bad Reichenhall über den „Goldenen Steig“ nach Böhmen. Ab Passau mussten die Salzsäumer das wertvolle Lebensmittel auf Packtieren verstauen und sich auf den Weg durch das raue Gebirge machen.
Eine regelmäßige Holznutzung war lange nicht möglich, weil es an effektiven Transportmöglichkeiten fehlte. Für die ersten Glashütten, die Anfang des 15. Jahrhunderts errichtet wurden, bestand dieses Problem nicht. Sie wurden mitten in den Wald hinein gebaut, da man auf diese Weise den Wald als Feuerholz und – was noch wichtiger war – für die Herstellung von Pottasche nutzen konnte. Meist wurden die unmittelbar an die Glashütte angrenzenden Waldstücke zur Feuerung der Öfen gerodet, die Pottaschewälder lagen dagegen weiter entfernt. Zur Pottaschegewinnung wurde vor allem Buchen- und Tannenholz verwendet, was in der weiteren Umgebung der Glashütten zum vollständigen Verschwinden dieser Baumarten führte. War der Wald gerodet und ausgebeutet, wurden die Glasöfen abgebaut und an einer neuen Stelle wieder aufgebaut. Ortsnamen wie Althütte und Neuhütte zeugen noch von dieser wandernden Nutzung.
Ab dem 18. Jahrhundert fand man Lösungen, um den gewaltigen Holzhunger der Städte bis nach Wien zu decken. Man brachte das Holz mittels Wasserkraft in die Tallagen und von dort bis zur Donau. Hierfür wurden die Ufer zahlreicher Bäche wie der Großen Ohe, der Kleinen Ohe und des Reschbaches begradigt und mit Holzverbauungen versehen. Um die genügend großen Wassermengen zu sammeln, wurden immer wieder kleine Teiche, die Klausen, gebaut. Nach der Schneeschmelze wurden sie geöffnet, und das im Winter geschnittene Holz gelangte mit dem Wasserschwall hinunter. Nun erst konnte auf größerer Fläche Holz geschlagen werden.
Auch die vergleichsweise kurze Holznutzung hatte die Wälder des Bayerischen Waldes verändert: Sie waren im Aufbau gleichartiger geworden, Totholz war fast nicht mehr vorhanden und die Fläche der über 100 Jahre alte Bestände war stark geschrumpft. Auch die alten, mächtigen Bäume von einst waren fast verschwunden. Doch es gab auch Wälder, die von einer Nutzung verschont geblieben waren.
Ab dem 16. Jahrhundert reichten die um die kleinen Dörfer liegenden Weiden und Wälder zur Versorgung des Viehs nicht mehr aus. Daher wurden in Höhenlagen über 1000 m zusätzliche Weideflächen geschaffen, die so genannten Schachten. 1613 trieb man die ersten Stiere auf den Ruckowitzschachten unterhalb des Falkensteins. Hier war der Bergwald wohl bereits sehr licht. In den folgenden Jahrzehnten wurden innerhalb des geschlossenen Waldes insgesamt 89 Schachten geschaffen, indem das Holz geschlagen und vor Ort verbrannt wurde. Nur einige Bäume, meist Buchen oder Bergahorne, ließ

man auf den Waldlichtungen stehen; sie dienten dem Vieh als Schattenspender und als Futter, indem die jungen Äste immer wieder abgeschlagen wurden. Insgesamt 290 Hektar zusätzliche Weidefläche wurden so geschaffen. Die Tiere weideten vor allem im Wald, auf den Schachten wurden sie nachts versammelt, auch zum Schutz vor Wölfen. Traditionell dauerte die Weidezeit von Georgi, 23. April, bis zu Michaeli, 23. September.
Während dieser Zeit wachte ein Hirte über die Tiere, der auf den Schachten eine einfache Hütte bewohnte. Bis in die 60er Jahre fand sich noch ein Hirte für diese harte Arbeit in der kargen Einsamkeit der Schachten. Heute sind nur noch 37 Schachten vorhanden.
Viele dieser Wieseninseln wurden nach der Nutzungsaufgabe vom Forst angepflanzt, so dass noch 132 Hektar verblieben sind. Die größten und beeindruckendsten Schachten liegen zwischen Rachel und Falkenstein. Gelangt man in diesem Gebiet aus dem geschlossenen Wald auf einen der großen Schachten, öffnet sich der Blick über diese Waldwiese auf das Waldgebirge. Hier recken die Schachtenbäume ihre seltsam verwinkelten Kronen in den Himmel. Lang haben Generationen von Stieren ihr Fell an ihrer Rinde geschubbert und von ihren zarten Trieben genascht. Durch das Schneiden der Äste haben sie nur noch kleine Kronen. Viele der Bäume scheinen schon fast tot zu sein. Durch Blitzeinschläge sind lange und breite Risse entstanden. Nicht wenige haben einen halben oder ausgehöhlten Stamm. Doch diese Bäume trotzen auch heute noch dem unwirtlichen Klima auf den offenen Schachten. Ihre Rinde ist dicht mit Flechten oder einem Moosteppich bedeckt. In diesem Alter bekommt auch die sonst glatte Buchenrinde tiefe Risse.
Auf den offenen Flächen haben sich Borstgrasrasen mit Ungarischem Enzian und Bärwurz ausgebreitet, doch durch die ausgebliebene Beweidung verschwinden die typischen und seltenen Pflanzenarten immer mehr. Seegras-Segge und Heidelbeere haben bereits große Flächen erobert. Die Schachten sollen im Nationalpark als Teile einer vergangenen Weidekultur erhalten werden, doch noch ist unklar, wie das geschehen soll. Eine zeitweilige Wiederaufnahme der Beweidung wäre die geeignetste Lösung, doch davor schrecken die Förster des Nationalparks noch zurück.
Nationalpark, Naturpark, Naturschutzgebiet, Biosphärenreservat – die verschiedenen Bezeichnungen, die auch noch über das deutsche Naturschutzrecht hinausgehen, klingen teilweise so ähnlich, dass eine Unterscheidung auf Anhieb schwer fällt.
Die Nationalparkidee hat sich in den 130 Jahren ihres Bestehens auf der ganzen Welt in über 2600 Nationalparken etabliert. National-

parke sollen das Naturerbe eines Landes bewahren. In ihnen sollen großflächige und weitgehend ursprüngliche Landschaften langfristig gesichert werden. Die verschiedenen Lebensgemeinschaften sollen sich natürlich und ohne Einwirkung des Menschen entwickeln können. Eine Nutzung der natürlichen Ressourcen wie Holz oder Wasserkraft ist ausgeschlossen. Die Philosophie des Nationalparks Bayerischer Wald, „Natur Natur sein lassen", beschreibt dieses Ziel knapp, aber treffend.

Es können aber nicht nur unberührte Urlandschaften zum Nationalpark werden. Solche Landschaften gibt es streng genommen nicht mehr, da Einträge über Luftschadstoffe inzwischen weltweit verbreitet sind. Daher können auch Regionen als Nationalpark ausgewiesen werden, in denen eine Nutzung zwar stattgefunden, aber das Gebiet nicht irreparabel verändert hat, z. B. durch den Bau von Staudämmen oder durch die Verseuchung des Bodens. Mit der Ausweisung müssen die Nutzungen bei Nationalparken der Kategorie 2 jedoch eingestellt und das Gebiet der natürlichen Entwicklung überlassen werden, zumindest auf 75 % der Fläche. Dabei sind Übergangszeiten sowie eine Gebietszonierung üblich. Teile der früheren Nutzung können exemplarisch erhalten werden; im Nationalpark Bayerischer Wald z.B. die Klausen, Triftbäche oder Schachten. In der Naturzone dürfen keine menschlichen Eingriffe mehr stattfinden. Während sie im alten Teil des Nationalparks Bayerischer Wald fast die gesamte Fläche ausmachte, umfasst sie im Erweiterungsgebiet nur die bereits vorher geschützten Flächen der Naturschutzgebiete und Naturwaldreservate.

Im Nationalpark steht der Naturschutz eindeutig an erster Stelle. Ein zweites wichtiges Ziel ist die Umweltbildung, außerdem soll die natürliche Entwicklung wissenschaftlich erforscht und es soll allen Besuchern ermöglicht werden, die Natur der Nationalparke zu genießen und mit allen Sinnen zu erleben. Alle Nationalparke bemühen sich, die weltweit für sie geltenden Richtlinien zu erfüllen, die von der Welt-Naturschutz-Organisation

IUCN aufgestellt wurden. In ihr sind 800 Mitglieder aus 140 Ländern in einer Partnerschaft aus staatlichen und nichtstaatlichen Organisationen vertreten.

1991 gründete Tschechien auf über 690 km² im angrenzenden Böhmerwald den Nationalpark Šumava („der Rauschende"). Er grenzt direkt an den Nationalpark Bayerischer Wald. Seitdem ist der Kern des „Grünen Daches Europas", zumindest nominell, ein großes, zusammenhängendes Schutzgebiet. Doch die Nationalparke sind in ihrer Qualität noch nicht miteinander zu vergleichen. Im tschechischen Nationalpark findet nur auf 13 % der Fläche keine Holznutzung mehr statt. Die Voraussetzungen für eine Herausnahme größerer Waldflächen sind im wirtschaftlich schwachen Tschechien weitaus schwieriger.

Das Leben im Nationalpark

Die drei häufigsten Waldgesellschaften waren bei der Gründung des Nationalparks noch in ihrem typischen Erscheinungsbild vorhanden: Die vernässten Tallagen sind geprägt von eigentümlichen Fichtenwäldern. Hier staut sich die von den Bergen abfließende Kaltluft und bis in den Frühsommer kann es in den zahlreichen Mooren zu Bodenfrösten kommen. Die meisten Laubbäume haben in diesen Mooren keine Chance zu überleben. Die Fichte dagegen kommt mit den Bedingungen gut zurecht. Nur kann sie hier ihre Wurzeln nicht weit genug in den Boden treiben, so dass die Wälder oft von Stürmen geworfen werden. Diese Aufichtenwälder sind das Reich der Moose. Zahlreiche Pflanzenarten bedecken die umgestürzten, vermodernden Baumstämme wie einen dichten Mantel. Nirgendwo gibt es eine größere Vielfalt unterschiedlicher Grüntöne, vom zarten Hellgrün junger Farnwedel bis zu tiefgrünen, fast schon schwarz erscheinenden Moospolstern. Nur ab und zu sind kleine weiße Tupfer des Siebensterns und des Zweiblatts oder die kleinen Glöckchen der Soldanelle zu sehen. Der Otter geht in den kleinen Bächen auf Beutezug nach Fischen, Fröschen und Mäusen. In den zahlreichen Gewässern des Bayerischen Waldes leben etwa 30 Exemplare dieses geschickten Jägers.
Kräftig, artenreich und mit stolzen Baumgestalten präsentiert sich dagegen der Bergmischwald. Er wächst auf den Berghängen bis in eine Höhe von etwa 1200 m. Die Wälder des Nationalparks zeigen hier ihre größte Vielfalt und mit über 50 m Höhe auch ihre größten Bäume. In einigen Urwaldresten wie der „Mittelsteighütte“ kann man einen Eindruck bekommen, welche Baumgiganten in diesen Wäldern wachsen können – wenn man sie nur lässt. Buche, Tanne und Fichte sind die vorherrschenden Baumarten. Auf offenen und felsigen Flächen bereichert der Bergahorn diese Waldgesellschaft. An den Südhängen sind zusätzlich Bergulme, Sommerlinde und Eibe zu finden. Doch durch die Forstwirtschaft wurde gerade in den Bergmischwäldern der Anteil der Tanne erschreckend zugunsten der Fichte verringert. Die verschiedenen Ausbildungen des Bergmischwaldes bestimmen den größten Teil des Nationalparks. In lichten Bereichen bilden Himbeeren, Salweiden und Hirschholunder undurchdringliche Dickichte.
Eine ganz andere Waldgesellschaft breitet sich im rauen Klima der Hochlagen über 1200 m aus. Hier steht den Pflanzen im Jahr nur eine kurze Zeit zum Wachsen zur Verfügung und sie müssen mit niedrigen Temperaturen zurecht kommen. Ein monotoner, fast gleichaltriger Fichten-Hochlagenwald bestimmt diese Bereiche. Im Vergleich zum Bergmischwald sind die Fichten hier schmaler – eine Anpassung an schneereiche Winter. Dadurch kann sich nur wenig Schnee auf den Ästen ansammeln und sein Gewicht den Baum nur gering belasten. Das verringert die Bruchgefahr der Hochlagenfichten.
Die Bäume stehen oft lichter und in Gruppen, in denen sie sich gegenseitig schützen. Der Wald ist hier an seiner Wachstumsgrenze angelangt; in den windgepeitschten Gipfelregionen des Lusen können sich nur noch einige Latschenkiefern halten. Die sonderbare Stimmung in diesen Wäldern wird durch das fast vollständige Fehlen von Laubbäumen und

Das Höllbachgespreng wurde schon 1941 unter Naturschutz gestellt. Es gilt als eines der ursprünglichsten Waldgebiete des Bayerischen Waldes und ist über markierte Wanderwege leicht zu erreichen.

Sträuchern verstärkt. Einzig die Vogelbeere kann als Laubbaum bis in diese Höhen vordringen. Die schmalen Fichten ragen kerzengerade aus dem Boden, an ihren Stelzwurzeln erkennt man bei manchen Exemplaren, dass ihr Ursprung in einem umgestürzten Baum liegt. Nur in wenigen Hochlagen der deutschen Mittelgebirge hat sich diese eigentümliche Waldgesellschaft entwickeln können. Sie ist eine Besonderheit des Bayerischen Waldes und des Nationalparks.
In den ausgedehnten, naturnahen und in weiten Teilen ungestörten Wäldern konnten einige besondere Tierarten der Ausrottung trotzen. Der Otter findet in den zahlreichen klaren und natürlichen Bächen Lebensraum und genügend Nahrung, und drei Arten der störungsempfindlichen Raufußhühner haben sich behauptet. Während Auerhühner lichte Nadelwälder

bevorzugen, ist das Revier der Birkhühner in den großen, offenen Mooren am Grenzkamm zu finden. Im Bergwald mit seinen Lichtungen und dichtem Gebüsch hat sich ein stabiler Bestand des Haselhuhns gehalten.
Flurnamen wie Bärenloch, Wolfsschlucht und Luchsstein erinnern an die Zeit, als diese großen Beutegreifer noch im Bayerischen Wald vorkamen. Sie konnten hier vergleichsweise lange überleben; der letzte Bär wurde erst 1856 geschossen. Bis heute konnte nur der Luchs in die Wälder zurückkehren.
Das reiche Totholzangebot bietet allen Spechtarten, die im Wald leben, ein reiches Nahrungsangebot. Auch die großen Arten wie der Schwarzspecht können in den starken Buchen ihre Höhlen zimmern. Neben der hohen Anzahl von Vogelarten sind kleine Säugetiere die typischen Bewohner der Nationalparkwälder. Wald- und Zwergspitzmaus, Siebenschläfer, Haselmaus und Gartenschläfer besiedeln ebenso die Wälder wie Eichhörnchen, Baum- und Steinmarder, Hermelin und Mauswiesel.
Im Nationalpark liegt eines der wenigen Rotwildgebiete Bayerns. Da die Tiere im Winter nicht wie früher in die Donauauen abwandern können, werden sie während des Winters in großen Gattern zusammengehalten. So soll vermieden werden, dass sie im Winterwald die Bäume schälen. Der Rehbestand und seine Regulierung ist noch immer eine der Hauptfragen im Nationalpark. Denn immer wieder wandern Rehe in den Nationalpark hinein und es wird kontrovers diskutiert, wie groß der Verbiss an jungen Bäumen im Nationalpark sein darf.
Durch das saure Untergrundgestein ist die Pflanzenvielfalt des Bayerischen Waldes vergleichsweise bescheiden. Nur während des kurzen Frühjahrs zeigt sich die Blütenpracht von Soldanelle und Knotenblume, von Einbeere und Alpen-Milchlattich. Dabei kann man dem Frühling immer „nachsteigen“: Wenn in den Tallagen bereits der letzte Schnee geschmolzen ist, liegt in den Berg- und Hochlagen meist noch eine dicke Schneedecke.
Die Soldanelle ist mit ihren glockenförmigen, zerschlitzten und blasslila schimmernden Blütenblättern eine der ersten Blumen des Frühjahrs. Während noch weite Flächen mit Schnee bedeckt sind, hat sie bereits ihre Blüten geöffnet und nutzt die höhere Sonneneinstrahlung auf dem Boden aus, um ihren jährlichen Vermehrungszyklus zügig zu beenden.
Mit der rasch verlaufenden Schneeschmelze schwellen die Bergbäche um ein Vielfaches an. Regelmäßige Hochwasser in den Bächen und kleinen Flüssen in tieferen Lagen sind die Folge. In den Wäldern füllen sich viele Bodensenken mit Wasser, die sich für Grasfrösche zum Laichen anbieten. Doch zunehmend weniger Kaulquappen können dem Wasser entwachsen, so stark hat die Versauerung inzwischen zugenommen.
In den letzten Jahren war der Monatswechsel vom April zum Mai für die Nationalparkverwaltung eine besonders spannende Zeit. Wann erreichen die Tagestemperaturen 16,5 °C, so dass die Buchdrucker ihren Überwinterungsort in der Borke oder im Boden verlassen können? Und wie stark ist der Borkenkäferdruck? Denn der Dreh- und Angelpunkt für die weitere Entwicklung der Borkenkäfer-Invasion ist der Verlauf der Witterung. Ein schneereicher Winter, der für eine gute Wasserversorgung der Fichten gesorgt hat, und ein kühles Frühjahr sind schlechte Voraussetzungen für die Vermehrung der Borkenkäfer.
Die klare Luft auf den Gipfeln verrät nicht, dass sich hier die Schadstoffe beiderseits der Grenze sammeln und von den Bäumen mit den häufig auftretenden Nebeln aus der Luft herausgefiltert werden. Von hier ist der Bayerische Wald mit seinen markanten, in der Erdgeschichte rund geschliffenen und bewaldeten

Grasfrösche sind im Frühjahr stets die ersten aktiven Froschlurche am Teich. Sie beginnen die Wanderung zu ihren Leichgewässern oft schon, bevor der Schnee ganz verschwunden ist.

Kuppen zu überblicken. In den nicht mehr bewirtschafteten Wäldern liegen die alten Baumriesen auf dem Waldboden, die meisten Äste abgebrochen, so dass nur noch ihre Reste am Stamm verblieben sind. Je mehr der Stamm zu Humus vermodert, umso weiter scheint er im Waldboden wieder zu verschwinden.

An lichten Stellen des Waldbodens ist der Sprossende Bärlapp zu finden. Hat er einmal Fuß gefasst, breitet er sich mit seinen Ausläufern rasch aus, so dass seine kleinen Stämmchen den Boden wie ein kleiner Wald bedecken. Er lässt noch ahnen, dass seine Vorfahren tatsächlich riesige Wälder bildeten, aus denen unsere Steinkohle entstand.

Auf der rauen Borke des Bergahorns im Bergmischwald siedeln sich im niederschlagsreichen Klima des Nationalparks Moospolster oder Flechten an. Manchmal findet man darauf Farne, die sich diesen neuen Lebensraum erobert haben, wie die „Epiphyten" in tropischen Regenwäldern.

Wie stark Nadel- und Laubbäume im Bergwald vermischt sind, zeigt sich im Herbst, wenn Buche und Bergahorn begonnen haben, die Blattfarbstoffe wieder abzubauen und die goldgelben Farben der Blätter erscheinen. Wollte man die abfallenden Blätter der Laubbäume sammeln, man würde keine zwei Blätter mit dem gleichen Farbmuster finden. In allen Variationen und Farbschattierungen sind die wechselnden Herbstfarben zu finden. In einer Höhe ab 1000 m herrschen oft Inversionswetterlagen: Während im Donautal die Herbstnebel ziehen, liegt der Bayerische Wald oberhalb der Wolkendecke – es ist sonnig, kalt und klar.

Im Aufichten- und Hochlagenwald erscheint der Herbst unscheinbarer, die wenigen Laubbäume sind nur kleine bunte Flecken im grünen Fichtenwald.

„Ein Dreivierteljahr Winter und ein Vierteljahr kalt", so heißt es im Bayerischen Wald. Das ist zwar ein wenig übertrieben, doch in den Hochlagen kann schon mal von Oktober bis in den Mai hinein Schnee liegen. Und auch während des Sommers ist immer mal ein kurzer Schneeschauer möglich.

Die Natur ruht während des langen Winters im Bayerischen Wald; alles ist von einer oft meterdicken Schneedecke verhüllt. Über der festen, harschen Schneeschicht liegt nach frischen Schneefällen ein dünner Flaum, in dem man jede einzelne Schneeflocke zu erkennen meint. Über die Berggipfel geht ein schneidend-kalter Wind, der die Latschen auf dem Lusengipfel mit Schnee zuweht und den Baum daher schützt. Auf den Felsbrocken erkennt man eine dünne Eisschicht, die die darunter liegende Landkartenflechte wie eine Klarsichtfolie bedeckt.

Im Winter kann man beobachten, wie Wasser sich in den schmalsten Rissen des Urgesteins sammelt und den Stein durch die Ausdehnung des Eises auseinander sprengt. So ist auch die Granitkuppe des Lusen durch Frostsprengung entstanden. Sind die Spalten größer, bildet sich ein kleiner Wald aus Eiskristallen darin. Tiere, die nicht in tiefere Lagen oder in den Süden gezogen sind, harren hier aus. Die Spechte suchen weiter unter der Rinde nach Käferlarven, und Eulen versuchen auch unter der Schneedecke Rötelmäuse zu orten. Auerhühner hocken in ihreren Höhlen und haben ihren Energiebedarf ganz heruntergeschraubt; was bleibt ihnen auch übrig, wenn außer Fichtennadeln nichts zur Verfügung steht. Sie sind am stärksten von Störungen durch Wintersportler betroffen, die sich in die Hochlagen aufgemacht haben. Die Reserven dieser großen Waldvögel sind so gering, dass ihre Energie nur für wenige Fluchten reicht. Währenddessen haben sich Fledermäuse, eng aneinandergedrückt, in alte Spechthöhlen zurückgezogen, um diese unwirtliche Zeit zu überstehen.

Bereits Ende Januar suchen Luchse mit ihren kehligen, heiseren Rufen, die weit durch die Wälder getragen werden, nach einem Partner. Der Luchs erscheint auf den ersten Blick seltsam hochbeinig, doch im Winter wird deutlich, dass dies Anpassungen des Körperbaus an die kalte Jahreszeit sind. Die großen, stark behaarten Pfoten wirken wie Schneeschuhe und verhindern ein zu tiefes Einsinken, und mit seinen langen Beine kann der Luchs auch im Winter Rehen mit Erfolg nachsetzen. Das gefleckte Fell verschwimmt in der schneelosen Zeit gegen den Hintergrund des Waldes und bietet ihm perfekte Tarnung.

Seit nahezu 30 Jahren hinterlässt der Luchs seine Spuren im Bayerischen Wald. Damals wurden 18 Tiere unweit der Grenze in Tschechien ausgesetzt, die sich inzwischen im gesamten Grenzgebirge ausgebreitet haben. Doch diese Großkatze lebt heimlich und hinterlässt kaum Spuren – vielleicht ein paar Fußabdrücke im Schnee, Rufe zur Ranzzeit oder auch einmal ein gerissenes Reh. Und doch verbreitet der Luchs eine eigentümliche, wilde Stimmung im Wald. Der Überraschungsjäger

braucht die ruhigen und felsigen Wälder entlang des Grenzkamms. Hier kann er seine Hauptbeute, das Reh, mit einem Sprung überraschen und seine Jungen in Ruhe aufziehen. Doch seine Beutezüge führen ihn auch weit hinaus aus dem Nationalpark, in die umliegenden Hecken- und Wiesenlandschaften. Dabei stellt er für den Menschen keinerlei Gefahr dar. Ab und zu ein Schaf oder ein Stück Damwild aus dem Gehege verschmäht er dort nicht.

Solchen Problemen begegnet man inzwischen mit Entschädigungszahlungen. Der Luchs kann nicht nur im wilden Wald leben, aber er braucht die einsamen Wälder, um sich zurückzuziehen. Er gehört heute wieder zum Bayerischen Wald, er ist Teil des Nationalparks. Und ist es nicht ein besonderes Gefühl, sich im gleichen Wald wie der Luchs zu bewegen?

Bei Föhn bietet sich oft eine Fernsicht auf die Alpen.

Der Wald kann das im Nebel gebundene Wasser für seine Pflanzen verfügbar machen. Die Bäume „kämmen" dann aus den vorbeiziehenden Nebelschwaden Wassertröpfchen heraus. Die Menge dieses pflanzenverfügbaren Wassers übersteigt in den Hochlagen sogar die Menge der Regenniederschläge.

Im Sommer brauen sich über dem Bayerischen Wald oft sehr heftige Gewitter zusammen, die nicht selten von starken Regenfällen und Sturmböen aus Südwest begleitet werden.

Die Natur erobert sich den Wald zurück

Brausende Stürme mit großen Windwürfen sind nicht ungewöhnlich für den Böhmerwald. Karel Klostermann beschreibt in seinen „Böhmerwaldskizzen“ einen verheerenden Sturm aus dem Jahr 1871:

„An diesem Tage regnete es in Strömen; plötzlich, gegen Abend, wurde es ungewöhnlich warm – eine drückende Schwüle lag bleischwer über den dampfenden Wäldern. Die beiden Holzhauer hatten bereits die schützende Hütte bezogen und schickten sich an, von ihrem Mooslager Gebrauch zu machen. Da machte der Sohn den Alten auf ein eigentümliches Heulen aufmerksam, das aus hoher Luft zu kommen schien. Beide traten vor die Hütte. Um sie herum war's ruhig, unheimlich still; man hörte bloß die schweren Wassertropfen, die von den durchnässten Zweigen rieselnd zu Boden fielen, und ein fernes heulendes Brausen. Plötzlich war's, als käme es näher, etwas Unsagbares, Entsetzliches – in hohen und tiefen Tönen pfiff es daher, ein Windstoß fuhr durch die Wipfel der hohen Fichten, die einen Sprühregen herabsandten und sich tief bogen, seufzend und stöhnend, als ahnten sie ihr nahes Ende.

Damit brach's los, mit einem Krachen, Prasseln und Poltern, als wären die Giganten erstanden aus den Schlünden des Tartarus und als schmetterten sie wuchtige Felsblöcke gegeneinander, als wollten sie die Erde zertrümmern und sie auflösen in ihr ursprüngliches Chaos. Entsetzt flüchteten die beiden in die Hütte; hier jedoch war kein Bleiben. »Wir müssen fort!« schrie der Vater. »Hierher werden die Bäume fallen.« Hinaus also ging's in das Toben der Elemente; rabenschwarze Nacht umfing sie. Ringsherum schmetterten dröhnend die entwurzelten Stämme zu Boden. Ihr Schutzengel führte sie zu einer bereits niedergestreckten mächtigen Fichte, deren Wurzelgewirr, hoch in die Luft ragend, ihnen Schutz bot. Sie verkrochen sich bebend unter demselben, und Stamm auf Stamm polterte nieder, neben sie, über sie hinweg, sich in den Wurzeln und Ästen des gefallenen Baumes verfangend und das Schirmdach über ihnen vergrößernd und vervollständigend.

Die ganze Nacht tobte der rasende Orkan, und als es hell ward mit Sonnenaufgang, sahen sie, dass sie förmlich gefangen waren zwischen den niedergefegten Stämmen; bis gegen Abend erst durften sie daran denken, das Obdach, das der Sturm selbst ihnen gebaut, zu verlassen, was nicht ohne große Mühe geschehen konnte. Schrecklich war der Anblick, der sich ihnen bot: Von dem ganzen Wald, der diese Lehne bedeckte, war auch nicht ein hoher Stamm stehen geblieben, sogar das Unterholz hatten die stürzenden Bäume zerknickt und zermalmt. Die Hütte aber, aus der sie entflohen, hatten fünf entwurzelte Fichten getroffen und sie dem Erdboden gleichgemacht. Man kann sich denken, mit welchen Gefühlen die beiden heimkehrten.“

Kurz nach diesem heftigen Sturm setzte eine Massenvermehrung des Borkenkäfers ein. Für viele Bauern und Hirten im Bayerwald war die „Käferzeit“, die bis 1875 andauerte, eine goldene Zeit. Denn es waren so viele Arbeitskräfte zum Fällen der Stämme, zum Abtransport des Holzes und zum anschließenden Nachpflanzen junger Fichten notwendig, dass sogar Gastarbeiter aus Italien gebraucht wurden. Am Ende umfasste die Borkenkäferfläche 2025 Hektar. 1925 bis 1929 wiederholte sich die Situation. Wieder führten zwei heftige Stürme zu

Auf den Felsblöcken des Lusen siedeln Säure liebende Flechten. Am häufigsten ist die charakteristische Landkartenflechte zu finden.

erheblichen Windwürfen und zu einem Borkenkäferbefall von 900 Hektar.
Diese „Käferkalamitäten" hatte man wohl bereits vergessen, als am 1. August 1983 ein gewaltiger Sturm über das Nationalparkgebiet fegte. Orkanböen stürmten aus Südwesten auf den Rachel zu. Der Sturm riss Äste aus den Kronen, bog die Bäume mit seiner gewaltigen Kraft nach unten, bis sie schließlich brachen oder mitsamt ihren Wurzeltellern aus dem Boden gerissen wurden.
Dies kann als die Geburtsstunde einer neuen Kategorie des Naturschutzes in Deutschland bezeichnet werden. Der Sturm legte den Grundstein dafür, dass die Wildnis im ersten Nationalpark Deutschlands wieder erwachen konnte.
In der Nacht vom 24./25. November 1984 zog erneut ein heftiges Sturmtief über den Bayerischen Wald. Beide Stürme hatten, nach normalem Verständnis, verheerende Folgen für den Wald. Bäume waren in einer Höhe von wenigen Metern gesplittert und abgebrochen, wie Streichhölzer waren ganze Waldteile vom Sturm umgeweht worden. Die flachen Wurzelteller der Fichten wurden aufgeklappt und gaben den Blick frei auf den Mineralboden. Hier wurde sichtbar, wie dünn die Bodendecke über dem harten Gestein ist. Auf den Windwurfflächen türmten sich die Stämme übereinander wie ein hingeworfenes überdimensionales Mikadospiel. Kronen hatten sich ineinander verhakt und Stämme ineinander verkeilt. Es war fast unmöglich, diese Flächen zu betreten.
Noch wenige Jahre zuvor hatte Horst Stern beim 10-jährigen Jubiläum dem Nationalpark ins Stammbuch geschrieben: „Übergroßer Fleiß in den Fächern Holzeinschlag und Waldbau waren dem Klassenziel – ein ökonomiefreier, naturbelassener Wald – abträglich. Zu größerer Anstrengung im forstlichen Nichtstun wird geraten."
170 Hektar Wald wurden durch die beiden Stürme zerstört, vor allem in den Tälern und an den Berghängen. Es stellte sich die Frage, wie man mit dieser neuen, ungewohnten Situation umgehen sollte. Der damalige Forstminister Hans Eisenmann entschied mutig, dass ein großer Teil der Windwurfflächen nicht forstlich aufgearbeitet, sondern liegen bleiben und der natürlichen Entwicklung überlassen werden sollte. Hier sollte „ein Urwald für unsere Kinder und Kindeskinder" entstehen. Mit einem Schlag hatten sich auf diesen Flächen die Umweltbedingungen geändert. Herrschte im geschlossenen Wald vorher noch ein dunkles, von außen weitgehend abgeschirmtes, vergleichsweise kühles und feuchtes Innenklima, konnte jetzt die Sonne bis auf den Boden dringen und ihn stärker erwärmen und austrocknen. Die Temperaturunterschiede wurden größer und die Flächen waren nun dem rauen Wind ausgesetzt. Die umgestürzten, mächtigen Wurzelteller und ineinander verkeilten Stämme boten schützende Nischen für die Entwicklung des neuen Waldes. Zahlreiche kleinere Bäume und Sämlinge hatten im Schatten der größeren Bäume, die mit ihren Kronen das meiste Licht abfingen und mit ihrem weit verzweigten Wurzelsystem die Nährstoffe im Boden für sich beanspruchten, lange auf ihre Chance gewartet. Nun war sie plötzlich da.
Wasser, das zuvor der alte Wald aus der Luft gekämmt und dem Boden entzogen hatte, sammelte sich in kleinen Bodensenken und Wurzellöchern und bildete kleine Tümpel.
Für viele Waldbewohner waren diese Windwürfe eine Katastrophe. Der Kleiber fand keine Stämme mehr, die er nach Insekten absuchen konnte, und Meisen und Finken konnten nicht mehr in der sicheren Höhe der Baumkronen

brüten. Auch der Habicht musste diese Flächen verlassen, weil es für seine Überraschungsangriffe keine Deckung mehr gab. Die Gelbhalsmaus verlor ihren gewohnten Waldlebensraum, wo sie bis in die Kronen klettern konnte, ebenso wie die an den Waldboden gebundene Rötelmaus. Baummarder und Eichhörnchen, die die verschiedenen Stockwerke des Waldes nutzten, mussten sich ebenfalls ein neues Quartier suchen. Auch viele Laufkäferarten des Waldes mussten versuchen, wieder einen schützenden Wald zu erreichen. Doch gleichzeitig mit dem zeitweisen Verschwinden oder dem Rückgang einiger Arten konnten andere Tiere diesen neuen Lebensraum für sich erobern – zum Teil im Wettlauf mit den üppig wachsenden Kräutern und Sträuchern, die die besonnte Fläche nun ebenfalls nutzen konnten.

Das chaotische Neben- und Übereinander der geworfenen Baumstämme hat zahlreiche neue Lebensräume geschaffen. Durch die Stämme vor Wind geschützte Bereiche liegen dicht neben freigelegten Felsblöcken und kleinen, mit Wasser gefüllten Wurzellöchern.

Vogelarten wie Zaunkönig, Zilpzalp und Gebirgsstelze konnten das neue Angebot an Nischen der umgestürzten Wurzelteller gut nutzen. Auch Reptilien wie Kreuzotter und Waldeidechse profitierten von den neuen, sonnigen Lichtungen ebenso wie zahlreiche Schmetterlingsarten, die ihren Nektar aus dem üppigen Blütenangebot saugen.

Auch ein anderer, typischer Waldbewohner konnte sich durch die Sturmwürfe ausbreiten: der achtzähnige Große Fichtenborkenkäfer, oder einfacher: der Buchdrucker (Ips typographus). Er hinterlässt auf der Fichtenrinde ein typisches Muster, das an Zeilen auf einer Buchseite erinnert. In Deutschland gibt es über 180 verschiedene Arten dieser kleinen Käfer, die sich gegenseitig keine Konkurrenz machen – sie sind jeweils auf bestimmte Baumarten oder Baumdicken spezialisiert. Um den bis zu einem halben Zentimeter großen Buchdrucker, dieses kleine, unscheinbare Tier, drehten sich in den letzten Jahren die heftigsten Diskussionen. Das ist nicht weiter verwunderlich, gilt doch gerade der Buchdrucker in Wirtschaftswäldern als Forstschädling, der bei seinem Auftauchen sofort bekämpft werden muss. Jahrhunderte lang hatten die Förster die Fichte gefördert und auch dort angepflanzt, wo von Natur aus Mischwälder wachsen würden. Mehr als drei Viertel der deutschen Wälder bestehen aus Fichtenforsten; die Fichte galt als der „Brotbaum" des Deutschen Waldes. Damit wurden aber auch die Borkenkäfer gefördert. Borkenkäfer haben eine erfolgreiche, bestechend einfache Strategie: sie vermehren sich rascher als ihre Feinde in den vom Wind geworfenen Stämmen zu einer so hohen Zahl, dass genügend Artgenossen da sind, um andere, noch stehende, aber geschwächte Bäume zu erstürmen. Können im Mai möglichst viele Buchdrucker ihren Überwinterungsort in einer befallenen Fichte oder im Boden gleichzeitig verlassen und finden sie in der näheren Umgebung weitere geschwächte Fichten, dann kann dieser überfallartige Angriff gelingen, nur darf die Entfernung nicht zu groß sein.

Die Fichten selbst senden Duftstoffe in kleinsten Konzentrationen aus, die den Käfern den Weg weisen. Haben die männlichen Käfer einen geeigneten Baum gefunden, bohren sie sich in seine Rinde ein und senden Lockstoffe aus, die die Artgenossen geradezu magisch anziehen. Der Baum versucht, sich gegen ein Einbohren zu wehren, indem er den Harzfluss erhöht (und die Käfer im zähen Baumharz ersticken). Doch je mehr Käfer den Baum anfliegen und je geschwächter der Baum bereits ist, desto höher sind die Erfolgschancen für die Buchdrucker. Für die Borkenkäfer ist es eigentlich kein Vor-

teil, durch ihr Brutgeschäft den Baum zum Absterben zu bringen. Doch sie legen ihre Eier in die weiche Schicht unter der knorrigen Borke, in den Bast hinein. Hier liegt das Transportsystem des Baumes. Wird es vielfach unterbrochen, stirbt er ab. Der kompakte, rundliche und mit einem festen Halsschild versehene Körper des Buchdruckers ist gut geeignet für das Einbohren in den Baum. Seine scharfen Mundwerkzeuge durchdringen sicher die harte Fichtenrinde. Unter der Rinde paaren sich die Käfer. Entlang eines Gangs werden zu beiden Seiten 20-100 Eier abgelegt. Rechtwinklig zum Hauptgang frisst sich jede Larve innerhalb ihres eigenen Gangs durch das zarte Bast. Dieser Seitengang endet nach etwa 5 cm schließlich in einer Puppenwiege. Hier wandelt sich die Larve zum Käfer um. Nach einer Entwicklungszeit von 6-10 Wochen bohrt sich der frisch verwandelte Käfer aus der Rinde und ein neuer Zyklus kann beginnen. Trockene und warme Jahre sind Insektenjahre; dann können sich sogar zwei Generationen entwickeln.
In den 170 Hektar des vom Sturm geworfenen Waldes kam es nach 1984 zu einer Borkenkäfermassenvermehrung, die zum Absterben von 380 Hektar vor allem älterer Fichtenwälder führte. Von den Stürmen waren überwiegend die Tallagen und die Bergwälder betroffen. Diese Wälder bestanden zu einem Teil aus Laubbäumen, denen der Borkenkäfer nichts anhaben konnte. Die Flächen abgestorbener Fichten lagen mosaikartig mit den Laubbäumen zusammen. Zum Befall neuer Fichten mussten die Borkenkäfer die eingestreuten Laubwaldbereiche überfliegen und in genügend großer Anzahl im Fichtenbereich ankommen. Diese Mischung trug auch dazu bei, dass die Borkenkäfervermehrung immer geringer wurde. Ende der 80er Jahre wurde fast kein neuer Befall mehr festgestellt.
Bereits nach wenigen Jahren konnte man auf diesen Flächen einen dichten, jungen, mehrere Meter hohen Wald bestaunen. Über einem Meer aus rosa Weidenröschen, Himbeeren und dem rotfrüchtigen Hirschholunder stand ein bunt gemischter Wald aus Buche, Vogelbeere, Birke, Espe, Bergahorn, Tanne und Fichte.

Dieser Jungwald eignete sich wieder für andere Tierarten. Heuschrecken, die noch die sonnigen Windwurfflächen besiedelten, wurden wieder verdrängt. Dafür fand das Haselhuhn Deckung in den undurchdringlichen Flächen. Vor allem an den sonnigen Hängen des Bergwaldes breitet sich heute, nach fast 20 Jahren, ein neuer Wald aus. Hier hat nie die pflanzende Hand des Försters eingegriffen. Die Bäume stehen unregelmäßig und dicht zusammen und streiten um den besten Platz zur Sonne hin. Dabei haben Arten wie Vogelbeere und Birke zunächst Vorteile; sie wachsen rasch und überragen andere Jungbäume. Sie müssen sich einen Vorsprung verschaffen, denn die Fichte überwächst sie nach einigen Jahren. Die Bäume, die die besten Ausgangsbedingungen hatten, werden sich gegen die Vielzahl anderer Jungbäume durchsetzen können. Sie werden ihr Blätter- bzw. Nadeldach ausbreiten und den darunter im Schatten liegenden Bäumen nur noch geringe Chancen zum Weiterwachsen lassen. Doch auch hier werden genügend junge Bäume weiter bestehen können – in „Lauerstellung" auf eine Lücke im geschlossenen Kronendach hoffend, die ein neuer Windwurf bringen kann.
Diese Windwurfflächen sind entlang zahlreicher Wanderwege zu bewundern. Sie lassen uns staunen über die Kraft, die Dynamik und letztendlich auch das Tempo, mit der sich diese Flächen wieder entwickeln. An die Stelle des ehemaligen Fichtenwaldes tritt ein junger Wald mit einer üppigen Mischung aus Buche, Tanne, Vogelbeere, Bergahorn, Espe und Fichte. Die Natur kann nach ihren eigenen Gesetzen wachsen. Von Jahr zu Jahr wird sich dieser Wald weiter verändern.

Die herabfallende Rinde abgestorbener Fichten und vermoderndes Totholz bieten ein geradezu ideales Keimbett für Fichtensamen. Die bessere Versorgung mit Nährstoffen und Wasser, sowie der höhere, konkurrenzfreie Standort sind für sie entscheidende Standortvorteile.

Vorhergehende Doppelseite: Der tschechische Nationalpark Sumava grenzt unmittelbar an den Nationalpark Bayerischer Wald an. Zusammen bilden die beiden Nationalparke eine Schutzfläche von 93.000 ha. Auf dem Böhmerwald-Hochplateau auf tschechischer Seite befinden sich riesige Moor- und Heidelandschaften, in deren Einsamkeit noch Birkhühner leben.

In den Hochlagen des bayerischen Waldes wächst der Bergfichtenwald. Aufgrund einer Borkenkäfermassenvermehrung sind die alten Bäume dieses Waldes großflächig abgestorben. Einzelne alte Fichten haben den Ansturm der Insekten wie durch ein Wunder überlebt. Zu ihren Füßen wächst bereits ein neuer Wald heran.

Der Rachelsee ist der einzige natürliche See im Nationalpark. Er liegt in einer Mulde, die während der Eiszeit durch Gletscher ausgeschürft wurde.

Die Buchberger Leite ist eine ursprüngliche Bachlandschaft im Nationalparkvorfeld, durch die sich die Wolfsteiner Ohe schlängelt.

Die schlechte Nährstoffversorgung in Hochmooren führt bei den Fichten zu einem verkümmerten Wachstum. So kommt es vor, dass kleine, verkrüppelte Fichten mit einem nicht mal armdicken Stamm weit mehr als 50 Jahren alt sein können. Nieder- und Quellmoore werden von mineralstoffhaltigem Wasser durchflossen und bieten daher bessere Standortbedingungen.

Im Nationalpark dürfen sich die Bäche seit langem wieder ihren eigenen Weg bahnen. Die Spuren ehemaliger Nutzung sind an manchen Stellen aber heute noch sichtbar. Die Bäche wurden zum Transport des Holzes in die Täler verbaut.

Eine neue Entwicklung in den Hochlagen

Als Mitte der 90er Jahre nach einigen warmen Sommern eine neue Massenvermehrung des Borkenkäfers in den Hochlagen begann, hatte dies ganz andere Auswirkungen auf das Waldbild.

Wer heute vom kleinen Dorf Waldhäuser zum Lusen geht, erreicht einen stillen Wald voller toter Bäume. Wohl kaum jemand hat Vergleichbares gesehen, schon gar nicht in Deutschland. Der monotone Hochlagenwald, der fast ausschließlich aus Fichten bestand, hat sich verändert. Er ist lichter geworden, und lange muss man sich umschauen, bis man noch eine lebende Hochlagenfichte entdeckt. Die Rinde vieler toter Bäume ist inzwischen abgefallen und das darunter zum Vorschein kommende Kernholz hat sich durch Sonne, Regen und Wind bereits grau gefärbt. Scheint die Sonne auf den Berg, leuchten die Stämme silbern und verbreiten eine eigentümliche Stimmung.

Wie eine Lawine hat sich im Laufe der letzten Jahre eine gewaltige Borkenkäferpopulation durch den Wald gefressen und dabei die Fichten zum Absterben gebracht. Einige jüngere Fichten wurden verschont; sie hatten noch nicht die notwendige Stärke für den Angriff der Borkenkäfer erreicht. Auf dem Waldboden hat sich das Berg-Reitgras wie ein dichter, saftig grüner Teppich ausgebreitet. Vereinzelt findet man auch Bereiche mit knorrigem Heidelbeergebüsch und zarte, hellgrün leuchtende Farnwedel, die hüfthoch auf den Flächen wachsen. Buschig und zahlreich sind die Vogelbeeren, die von den veränderten Bedingungen profitieren konnten.

Die Wälder oberhalb von 1200 m haben von Natur aus um jeden Zentimeter Wachstum zu kämpfen, auch wenn die Waldgrenze noch einige hundert Meter darüber liegt.

Die wenige Dezimeter mächtigen Böden werden zu den Gipfeln hin immer dünner und neigen durch das Urgestein aus Granit oder Gneis von Natur aus zur Versauerung. Diese Gesteine sind sehr kompakt und haben nur wenige Klüfte. Der Regen, der zwar im gesamten Bayerwald reichlich fällt, fließt daher schnell wieder ab. In warmen Sommern ist deshalb gerade in den Hochlagen mit ihrer hohen Sonneneinstrahlung die Gefahr besonders groß, dass die Bäume unter Wassermangel leiden.

Natürlich ist auch der Nationalpark keine heile, von der übrigen Welt abgeschottete Insel. Die Luftschadstoffe der Industriegebiete um Nürnberg und, im geringeren Maß, aus Tschechien erreichen die Kammlagen des Grenzgebirges. Hier werden sie von den Fichten während des ganzen Jahres aus den zahlreich auftretenden Nebeln „herausgekämmt". Auch die Ozonbelastung hat während der letzten Jahre zugenommen. Dazu sind die Jahrestemperaturen in den letzten 20 Jahren gestiegen. Die Messstation im Nationalpark hat eine Erhöhung der jährlichen Durchschnittstemperatur um 0,2 °C gemessen. Ob das nur eine kurzzeitige Erhöhung ist oder bereits einen langfristigen Trend anzeigt, ist heute ungewiss. Die höheren Temperaturen wirken sich jedoch auf den an kühlere Verhältnisse angepassten Fichten-Hochwald aus. Welchen Einfluss jeder einzelne Faktor hat, lässt sich schwer feststellen. Sicher aber ist, dass die Summe zu einer Schwächung der Fichten-

Hochlagenwälder in den letzten Jahren geführt hat. Dadurch wurden diese monotonen Wälder auch angreifbarer für Borkenkäfer. Mitte der 90er Jahre konnte in den Wäldern um den Lusen die Siedlungsdichte des Borkenkäfers so weit anwachsen, dass durch den Befall der vorgeschädigten Fichten Käfernester entstanden, die sich immer weiter ausbreiteten. Ein direkter Anlass wie ein weiterer Sturm war hier nicht gegeben; der Tod der Bäume verlief schleichend.
Die Borkenkäferfront zog von Jahr zu Jahr weiter durch die Fichtenwälder Richtung Rachel. Einige Bereiche des Bergwaldes sind ebenfalls betroffen, doch hier hatte es der Buchdrucker schwerer. In manchen Regionen konnte er sich bis in die Tallagen ausbreiten. Vom Lusen aus kann man inmitten eines Meeres abgestorbener Fichten einige grüne „Inseln" erkennen; diese Fichten wurden vom Borkenkäfer verschont. Warum diese Bäume nicht befallen werden konnten, ist noch unklar. Es wirkt aber wie ein kleines Wunder.
Die Nadeln der abgetöteten Bäume verfärbten sich gelb und fielen ab. Kleinere Äste und Borkenschuppen folgten nach und bedeckten den Waldboden. Die Rinde glich einem Flickwerk, und auf den kahlen Stammbereichen waren die Spuren des Buchdruckers überdeutlich zu sehen. Mit der Zeit fiel die gesamte Rinde zu Boden. Die Spechte halfen hierbei ein wenig nach. Für sie war der Tisch reich gedeckt. Schwarzspechte und Dreizehenspechte stemmten ganze Rindenplatten von den Bäumen, um die darunter zum Vorschein kommenden Borkenkäferlarven zu erbeuten, während Bunt- und Kleinspechte die kleineren Äste absuchten. Auch der Waldbaumläufer beteiligte sich an diesem Mahl. Doch die Spechte waren nicht in der Lage, die Borkenkäfer wirkungsvoll zu dezimieren. Um die Stämme herum erstickten die herabfallenden Nadeln und Borkenplatten auch einen Teil der jungen Keimlinge.
Bis Mitte Oktober 1999 wurden auf einer Fläche von 31 km^2 die Bäume von den Borkenkäfern zum Absterben gebracht. Der größte Teil liegt in den Hochlagen über 1200 m; hier sind auf 178 km^2 die Fichten abgestorben, das entspricht etwa drei Vierteln der Hochlagen zwischen Lusen und Rachel. In den Hochlagen des 1997 erweiterten Nationalparks wird der Borkenkäfer weiterhin bekämpft; hier hat der Wald sein traditionelles Aussehen.
All diese spannenden Ereignisse laufen in einer Zone ab, in der nach der Nationalpark-Verordnung keine Eingriffe mehr stattfinden sollen. Und trotz vieler Kritik aus der Bevölkerung der angrenzenden Gemeinden werden hier keine Bäume umgesägt. Eine Ausnahme bilden die Bäume entlang von ausgewiesenen Wanderwegen, die aus Sicherheitsgründen entfernt werden.
Wie kann sich inmitten dieser stehenden Leichen wieder eine neue Baumgeneration entwickeln? Ein kräftiger grüner Teppich aus Gräsern und Farnen beherrscht den Waldboden; er ist für die Sämlinge nahezu undurchdringlich. Viele, die nach dem Borkenkäferbefall erschrocken diese Wälder betrachteten, waren der festen Überzeugung, hier würde kein Wald mehr wachsen.
Doch wo Windwurf und Borkenkäfer die Baumbestände vernichteten, wächst schon ein junger Wald nach. Er wird allerdings erst in einigen Jahrzehnten die Sehnsucht nach prächtigem Grün erfüllen. Die bereits liegenden Stämme bilden das ideale Keimbett für die nächste Baumgeneration. Das Heer der unsichtbaren Zersetzer des Totholzes macht sich sofort nach dem Absterben des Baumes

ans Werk. Pilze durchdringen mit ihrem Myzel den Holzkörper, der Stamm wird rissig und vermodert langsam. Nährstoffe und sogar ein Antibiotikum gegen die Wurzelfäule werden im Laufe der Vermoderung freigesetzt. Es scheint, als sei der Abbauprozess auf das Wachstum der jungen Bäume abgestimmt. Die toten Stämme werden zu Kompost für den jungen Wald. Auch am Fuß der toten Fichtenstämme haben vermehrt Sämlinge gekeimt, ebenso wie auf Steinen oder Felsen, auf denen eine dünne Erdschicht – meist mit Moosen bewachsen – liegt. Auch ein Blick in die Vergangenheit hätte für Aufklärung sorgen können. Bereits 1905 beschrieb der Forstmann Karl Rebel einen Waldbestand im Hochlagenwald:

„Auf den Baumleichen – Runnen oder Rannen genannt – steht zeilenförmig, meistens mannshohe, anscheinend junge, in Wirklichkeit aber mindestens zwanzigjährige Ansamung, als neues Leben den Ruinen entsprossend. Der Bestand ist voller Lücken. Abenteuerlich geformte Fichtengestalten und kahle, wettergraue Schäfte zeugen von Kampf und Tod. Seltsam ernst und schweigend ist es da oben. Man fühlt förmlich das zähe, stille Ringen und die unsägliche Mühe, in der kurzen Ruhe des Sommers auszuheilen, was in der Not des langen Winters eingebüßt worden ist. Spanne für Spanne will an Höhe, Millimeter für Millimeter an Stärke errungen sein.“

Wie der neue Wald in den Hochlagen zwischen Rachel und Lusen aussehen wird, deutet sich heute schon an: Viele Fichten werden auf Stelzwurzeln in einer Reihe stehen und damit ihre Herkunft aus einer Rannenverjüngung zeigen, andere werden in dichten Trupps zusammenstehen und davon zeugen, dass in ihrer Mitte einst eine Fichte stand. Heute bietet sie noch Schutz für die jungen Bäumchen und verschafft ihnen im Frühjahr Vorteile im Wachstum, da der Stammfuß rascher schneefrei wird. Wahrscheinlich ist, dass die Vogelbeere durch den zahlreichen Jungwuchs stärker im Hochlagenwald vertreten sein wird. Womöglich ist ihr höherer Anteil bereits ein Zeichen des sich verändernden Klimas. Die Fichten werden wohl weiterhin nahezu gleich alt sein. Damit scheint die nächste Katastrophe in hundert oder mehr Jahren schon vorprogrammiert zu sein. Aber vielleicht ist das der natürliche Zyklus in einem Hochlagenwald: Der Wald erneuert sich nicht über lange Zeiten hinweg und immer wieder auf kleineren Flächen, sondern innerhalb einer für Wälder kurzen Zeitspanne von 10-20 Jahren. Das Experiment Nationalpark bietet uns und den nachfolgenden Generationen die einmalige Chance, das herauszufinden.

Der neue Wald braucht Zeit, bis er wächst. Und sowohl die Besucher als auch die Menschen, die am Nationalpark leben, brauchen Zeit, sich mit dem neuen Bild des Waldes und der Philosophie „Natur Natur sein lassen“ auseinander zu setzen.

Das geht nur, wenn man sich aufmacht, den Wald mit allen Sinnen zu erleben. Langsam und zu Fuß ist die beste Möglichkeit, sich der neuen Waldwildnis zu nähern. Zu jeder Jahreszeit lässt sich die einzigartige Vielfalt, die stille Melancholie und berauschende Schönheit des Nationalparks erleben. Und jeder, der dort unterwegs ist, wird für sich sehen und erleben können, wo Wildnis erwacht: In den zarten, jungen Keimlingen am Stamm einer toten Fichte, im sprossenden Bärlapp, der mit seinen Stämmchen den Waldboden bedeckt, in den Hackspuren eines Weißrückenspechts oder der beeindruckenden Größe einer alten Buche.

Laubbäume wie die Buche gibt es nur in den Bergmischwäldern bis in eine Höhe von 1200 Meter. Bäche zergliedern diese Waldbereiche und erhöhen die Vielfalt an Pflanzen und Tieren. Oberhalb dieser Grenze lassen die kurze Wachstumsperiode und die niedrigen Temperaturen nur dem monotonen, fast gleichartigen Fichten-Hochwald die Möglichkeit sich auszubreiten.

Bricht nach einer sternenklaren Nacht der Tag heran, färbt sich der Himmel im Westen erst dunkelviolett, wechselt dann vom Horizont ausgehend zunehmend in ein helles Purpur, bis die aufgehende Sonne die Landschaft in ein rötliches Licht taucht.

Der Winter ist in den Hochlagen besonders rau. Viele Tierarten, wie etwa Rehe und Hirsche, wandern während dieser Zeit in schneeärmere Gebiete. Doch der hochbeinige Luchs, von dem die Spur stammt, kann sich auch im Winter in den Hochlagen aufhalten.

Die Hochlagen des Bayerischen Waldes sind nicht selten von Wolken und Nebel umhüllt. Im Winter lagert sich aus ziehenden Nebeln Reif an Bäumen und Felsen ab.

Im Winter versinken die Wälder im Tiefschnee und werden von der Zivilisation abgeschnitten. Jegliche menschliche Spuren sind verdeckt und nur wenige Wanderer nehmen die Anstrengung auf sich, tiefer in den Nationalpark einzudringen.

Die mit Landkartenflechten überzogenen Granitblöcke am Lusen werden vom Wind schneefrei gehalten. Die eiskalten Felsen entziehen der Luft die letzte Feuchtigkeit. Es bilden sich Eiskristalle, die der fegende Wind zu vielfältigen Mustern formt.

Bäume schützen sich gegen Frost, indem sie die Salz- und Zuckerkonzentration des Zellsaftes erhöhen und so den Gefrierpunkt herabsetzen.

Im Durchschnitt beträgt die Schneehöhe in den Hochlagen im Februar etwa ein Meter. Doch die Spitzenwerte von oft mehr als zwei Metern Schnee werden meist im März erreicht.

Übernächste Doppelseite: Dicke Schneewolken verhüllen die Wälder im Winter und lassen es oft tagelang schneien. Mitunter schlägt das Wetter dann unerwartet um. Das Schneetreiben findet plötzlich ein Ende, die Wolkendecke lichtet sich und nur kleine Wolkenfetzen bleiben über dem Wald zurück.

Vorhergehende Doppelseite:
Obwohl der Wolf seit 1846 im Bayerischen Wald als ausgerottet gilt, tauchen hin und wieder einzelne Individuen im Bayerischen Wald auf. Dabei handelt es sich wahrscheinlich um Einzelgänger, die aus weit entfernten Gebieten im Osten kommen. Der Wiederansiedelung der Wölfe steht nichts entgegen außer der unbegründeten Angst des Menschen.

Wenn es Winter wird zieht der Luchs mit dem Rehwild in schneeärmere Gebiete.

Im Winter bedecken meterhohe Schneewehen den Lusengipfel. Fortwährend bläst der eiskalte Wind über den Gipfel und zeichnet Muster in den Schnee.

Die abgestorbenen Bergfichten im Hochwald werden im Winter von Reif, Eis und Schnee überzogen. Wenn die Last zu schwer wird, brechen die Bäume krachend zusammen.

In den Hochlagen kann das Wetter sehr schnell umschlagen. Dichte Wolken und Nebel ziehen über die Gipfel und können überraschend Sonnenschein und blauem Himmel Platz machen.

Die schlanken Kronen ermöglichen es der Bergfichte, die extremen Schneelasten zu verringern.

Weil sich die Erde um ihre eigene Achse dreht, scheint es dem Beobachter, als würden die Sterne über den Nachthimmel kreisen. Mit der Hilfe einer Kamera lassen sich die „Sternenspuren" festhalten.

In den Hochlagen fällt etwa die Hälfte der Jahresniederschläge als Schnee.

Umweltbildung im Nationalpark

Gerade angesichts der rasant ablaufenden Waldveränderungen durch den Borkenkäfer entstehen immer wieder ungewohnte Bilder im Nationalpark, die nicht ohne Weiteres verständlich sind. Sie lösen ganz unterschiedliche Reaktionen aus, sie erstaunen und begeistern, ängstigen und wecken Hoffnungen. Was passiert in den Wäldern des Nationalparks? Stirbt der Wald oder wird er weiter wachsen? Müssen wir da nicht eingreifen? An diesen Fragen entzünden sich Meinungen und Diskussionen. Hier setzt die Umweltbildung des Parks an. Sie will nicht nur die natürlichen Abläufe im Nationalpark erklären, sondern setzt darüber hinaus auf ein Erleben des Waldes mit allen Sinnen.
Das Ergebnis der Entwicklung des „Wilden Waldes" ist nicht festgelegt; sie verläuft in anderen Zeiträumen, als wir es gewohnt sind und verlangt Toleranz gegenüber der Natur. Aufgrund der vielfachen Ablehnung der Nationalparkerweiterung in den unmittelbar an den Park angrenzenden Gemeinden ist hier die Auseinandersetzung und Diskussion über die künftige Entwicklung im Nationalpark besonders wichtig.
Der größte Teil der Bildungsarbeit des Nationalparks ist auf Kinder und Jugendliche ausgerichtet. Die staunende Erfahrung der neuen Waldwildnis soll schon früh geweckt und unterstützt werden. Schließlich werden die Erwachsenen von morgen aufgrund der langen Entwicklungszeiten das Entstehen des Nationalparks ihr gesamtes Leben verfolgen können. Neben kurzzeitigen Ausflügen und Programmen können Schulklassen eine Woche im Jugendwaldheim des Nationalparks in der Gemeinde Hohenau verbringen. Das Haus bietet in seiner Waldumgebung ideale Bedingungen für einen Aufenthalt auch bei regnerischem Wetter. Ein besonderes **Jugendcamp** ist am Fuß des Falkensteins bei Zwieslerwaldhaus im Bau. Geschützt vor den Unbilden des Wetters und doch mitten in der Natur können sich Jugendliche mit einer unbekannten, urwüchsigen Waldwelt in der Umgebung vertraut machen. Die sechs unterschiedlichen Unterkünfte verstärken die im Wald gewonnenen Erfahrungen: Das Baumhaus zum Beispiel steht über der Erde und wird sich mit dem Wind wiegen, während das Erdhaus eng mit dem Waldboden verbunden ist.
Gruppen, die im Nationalpark zelten wollen, steht der einfach gestaltete **Jugendzeltplatz** bei Neuschönau zur Verfügung.
Eigene Möglichkeiten, die Natur spielerisch zu entdecken, bietet das **Waldspielgelände** bei Spiegelau. Auf 50 Hektar können vor allem Familien mit Kindern ein natürliches Gleichgewicht der Natur auf einem Karussell ausbalancieren, barfuß unterschiedliche Waldböden erfühlen, in einer alten Holzhauerhütte Märchen zuhören oder durch ein riesiges Spinnennetz erkennen, wie Bäume und Pilze in der Natur zusammengehören. Ein zwei Kilometer langer Erlebnispfad führt durch die unterschiedlichen Stationen.
Persönliche Betreuung wird im Nationalpark groß geschrieben. Über 40000 Menschen werden in 2400 Führungen, Seminaren und Programmen in die Natur des Nationalparks eingeführt. Eine wichtige Rolle nehmen dabei die etwa 30 Frauen und Männer der Nationalpark-Wacht ein. Sie leiten viele Führungen und sind als Ratgeber

Das stehende Totholz im Nationalpark bietet Lebensraum für eine Vielzahl von Insekten, Pilzen und Flechten.

für die schönsten Wanderrouten bis hin zu den Busabfahrtszeiten kompetente Ansprechpartner.
Darüber hinaus achten sie auch darauf, dass die Gebote im Nationalpark, wie z.B. die Betretungsregelungen in den Kernzonen, eingehalten werden. Mehrtägige betreute Wanderungen und Führungen kann der Nationalpark nicht durchführen. Um dies trotzdem zu ermöglichen, bietet er in Kooperation mit dem Verein „WaldZeit“ mehrtägige Aufenthalte für Gruppen, Familien und Einzelreisende an.

Tier-Freigelände

Rechte Spalte: Das älteste Haus im Ort Waldhäuser

Freilichtmuseum in Finsterau

Ziele im Nationalpark

Die Gemeinden und Städte, die in der direkten Umgebung des Nationalparks liegen, bieten sich als Ausgangspunkte für lange Wanderungen auf die Berggipfel, für Spaziergänge durch heckengesäumte Wiesen oder Radtouren entlang der rauschenden Bäche an.
Für welchen Ort man sich entscheidet, liegt an den eigenen Vorlieben und Interessen. Über Mauth am Südende des Parks ist z.B. der tschechische Nationalpark rasch zu erreichen, der kleine Klosterort St. Oswald liegt idyllisch am Fuß des bayerischen Parks mit Blick auf den Grenzkamm.
Von Frauenau aus sind sowohl der Rachel als auch die Schachten gut zu erreichen, während Zwieslerwaldhaus mitten im Wald unterhalb des Falkensteins liegt. Ein Wegenetz von insgesamt 327 km Länge im Nationalpark führt die Besucher zu den beeindruckenden Naturschönheiten und in die neue Waldwildnis. Gleichzeitig bleiben wertvolle Gebiete, die besonders empfindlich sind, unberührt. Zusätzlich wurden 174 km Radwege ausgewiesen, meist auf Forststraßen.
Fast alle Ausgangspunkte für Wanderungen sind im Gebiet zwischen Rachel und Lusen mit den erdgasbetriebenen Igelbussen zu erreichen, die vom Frühjahr bis in den Herbst die Startpunkte für Wanderungen in den Nationalpark anfahren. Ihre Fahrpläne sind auf die der

Waldbahn abgestimmt, so dass nicht nur Besucher aus den umliegenden Gemeinden, sondern auch solche von weiterher getrost auf das Auto verzichten können. Im Nationalpark zwischen Rachel und Falkenstein ist das Busnetz bisher noch nicht so gut ausgebaut.
Während des Aufenthalts im Nationalpark kann man an vielen Stellen dem Werden, Wachsen und Vergehen der Natur nachspüren. Speziell zu diesem Zweck wurden im Aufichtenwald, im Bergmischwald und in den Hochlagen besondere Wege angelegt. Der **„Seelensteig“** ist auf dem Weg zum Rachel bzw. zum Gfällparkplatz zu erreichen. Auf diesem 1,3 km langen Holzbohlenpfad im Bergmischwald läuft man durch einen seit 25 Jahren nicht mehr bewirtschafteten Wald. Er überbrückt vom Wind umgestürzte Bäume, führt über Bäche, durch Borkenkäfer-geschädigte Bereiche und offenbart das vielfältige Leben am Waldboden.
Am Fuß des Rachels bei Spiegelau liegt der

„**Aufichtensteg**". Eine feuchte, moosbeherrschte Welt dehnt sich hier aus, die aber ebenfalls auf einem Holzsteg trockenen Fußes durchquert werden kann. Die Windwurfgefährdung der Fichten lässt sich hier ebenso erleben wie eine geheimnisvolle Moorwelt.
In der Nähe des Lusenparkplatzes informiert der kurze „**Hochwaldsteig**" über die dramatischen Veränderungen, die der Borkenkäfer in diesem Wald ausgelöst hat. Alle drei Stege zeigen, wie tiefgreifend sich der Wald im Nationalpark verändert.
Außerdem präsentiert ein schmaler Weg durch einen Urwald zwischen der Ortschaft Zwieslerwaldhaus und dem Schwellhünsel eindrucksvolle Baumgestalten. Sie gehören zu den größten im Nationalpark. Hier wurde die Holznutzung bereits vor Jahrzehnten eingestellt, und seitdem dürfen die Bäume hier alt werden. Am Boden werden die umgestürzten Baumriesen langsam wieder zu Humus und gehen im Waldboden auf.
Daneben wurden noch andere Rundwege geschaffen, wie etwa ein 3 km langer Weg durch das Felswandergebiet, der ein steiles, durch seine Urwüchsigkeit besonders eindrucksvolles Waldstück mit einem reizvollen Ausblick auf die Landschaft erschließt.
Über die Grenze zu Tschechien hinweg wurde von beiden Nationalparken das **Waldgeschichtliche Wandergebiet** geschaffen, das durch eine alte Kulturlandschaft bei Finsterau bis nach Tschechien hinein in Fluren führt, die bereits seit Jahrzehnten aufgegeben wurden. Auch eine der beiden Moldauquellen liegt hier. Die unterschiedliche Landschaftsentwicklung im Grenzraum lässt sich hier eindrucksvoll verfolgen.
Das **Hans-Eisenmann-Haus** nahe Neuschönau bietet sich als die erste Anlaufstelle bei einem Besuch im Nationalpark an. Zusammen mit dem umliegenden Gesteins-, Pflanzen- und Tierfreigelände bildet es das Informationszentrum des Parks. Hier können sich Besucher über das aktuelle Programmangebot informieren; viele Führungen beginnen hier. Die Dauerausstellungen vermitteln einen ersten Einblick in den Nationalpark und geben Auskunft über seine Ziele. Auch Einzelheiten zu allgemeinen Umweltbelastungen, die auch vor dem Nationalpark nicht Halt machen, kann man hier erfahren. Daneben werden zahlreiche Filme über den Nationalpark gezeigt und eine Bibliothek lädt zum Schmökern ein.
Das Nationalparkhaus ist auch ein Teil des kulturellen Lebens der Gemeinde; wechselnde Ausstellungen, Lesungen, Vorträge und Musikabende finden hier statt.
Das **Tierfreigelände** ist wohl der bekannteste Teil des Nationalparks. Manche Besucher halten es sogar für den eigentlichen Nationalpark. In den mit viel Sorgfalt in dem umgebenden Wald angelegten Freigehegen sind alle typischen Tierarten des Bayerischen Waldes zu beobachten. Einige Arten wie Wolf, Bär und Wisent wurden zwar ausgerottet, gehören aber zu dieser Landschaft.

Hans-Eisenmann-Haus: Informations-Zentrum des Nationalparks bei Neuschönau. Zentrum mit wechselnden Ausstellungen, Tonbildshows, Filmen, Vorträgen und einer Bibliothek von internationalem Rang im Bereich Natur.

Naturpark Bayerischer Wald
Fachschulstr. 21
94227 Zwiesel
Tel.: 0 99 22 / 80 24 80
Fax: 0 99 22 / 80 24 81
e-mail:
naturpark-bayer-wald@t-online.de
www.bnv-regen.de/home/naturpark

Verwaltung des Nationalparks und
des Landschaftsschutzgebiets Šumava
inVimperk
1. maje 260
385 01 Vimperk
Tel.: 00420-339-23298
Fax : 00420-339-413019
E - mail:vimperk@npsumava.cz

Waldzeit e.V.
Frauenauer Str. 32
94518 Klingenbrunn
Tel. + Fax: 0 85 53 / 92 06 52
e-mail: info@waldzeit.de
www.waldzeit.de

Begegnung mit Böhmen
Dechbettener Str. 47 b
93049 Regensburg
Tel: 0941/260-80;
Fax:0941/260-81;
www.boehmen-reisen.de

EUROPARC Deutschland
Bundesgeschäftsstelle
Kröllstraße 5
D-94481 Grafenau
Tel.: 0 85 52 / 28 39
Fax: 0 85 52 / 32 42
e-mail: info@europarc-deutschland.de
www.europarc-deutschland.de

Tourismusverband Ostbayern e.V.
Luitpoldstr. 20
93047 Regensburg
Tel.: 09 41/58 53 90
FAX: 09 41/5 85 39 39
e-mail: info@ostbayern-tourismus.de
www.ostbayern-tourismus.de

Landratsamt Regen
WITO
Poschetsrieder Straße 16
94209 Regen
Tel: 09921/601-217
Fax: 09921/97002217
Email: wito@lra.landkreis-regen.de
www.landkreis-regen.de

Landratsamt Freyung-Grafenau
Wolfkerstr. 3
94078 Freyung
Telefon: (0 85 51) 5 71 22
Fax: (0 85 51) 5 72 52
e-mail: tourismus@la-freyung.de
www.bayerwald-info.de

Tourist-Information Passauer Land
Domplatz 11
94032 Passau
Telefon 0851/397-600
Telefax 0851/397-488
tourismus@passau.btl.de

Gästeinformation Deggendorfer Land
Herrenstraße 18
94469 Deggendorf
Tel. 0991/3100-339
Fax 0991/8900
www.donau-wald.de
poststelle@LRA-deg.bayern.de

Landratsamt Straubing-Bogen
Leutnerstraße 15
94315 Straubing
Tel. 09421/973-127
Fax 09421/973-230
tourismus@straubing-bogen.btl.de
www.ostbayern-tourismus.de/Straubing
Image/index.html

Tourist-Info Landkreis Cham
Rachelstraße 6
93413 Cham
touristik@lra.landkreis-cham.de
www.landkreis-cham.de

Die großen, naturnahen Gehege, die den Tieren auch Rückzugsmöglichkeiten bieten, vermitteln einen Einblick in ihren natürlichen Lebensraum.
Bei Ludwigsthal wird derzeit ein zweites Informationszentrum gebaut. In diesem „**Haus zur Wildnis**“ **(1)** soll der Schwerpunkt auf der Präsentation der vielfältigen Veränderungen des Waldes hin zu einer neuen Waldwildnis liegen. Im Gebäude des Grenzbahnhofs Bayerisch Eisenstein präsentieren sich die vier Schutzgebiete des „Grünen Dachs Europas“. Die Ausstellung zeigt den Nationalpark und den Naturpark Bayerischer Wald sowie den Nationalpark und das Biosphärenreservat Šumava und Möglichkeiten einer gemeinsamen, zukünftigen Entwicklung. In dem historischen Gebäude kann so ein Stück Europa zusammenwachsen.

Weitere Ziele im Bayerischen Wald

Der Nationalpark Bayerischer Wald ist mit der Entwicklung zu einer neuen Waldwildnis sicher eines der aufregendsten Ziele im Bayerischen Wald. Doch die unverwechselbare Landschaft dieses Gebiets bietet für all diejenigen, die Natur hautnah erleben wollen, noch weit mehr lohnenswerte Ziele.
Mag der Bayerische Wald auf den ersten Blick auch dunkel und schroff erscheinen, – „Wer einmal den Rhythmus dieser Wald- und Berglinien aufgenommen hat, dem wird die verhaltene Schönheit dieser unaufdringlichen Landschaft fester ans Herz wachsen als irgendeine andere. Er wird ihr verfallen.“ (Der Schriftsteller Siegfried von Vegesack)

Karten: Mit freundlicher Genehmigung der Nationalparkverwaltung Bayerischer Wald

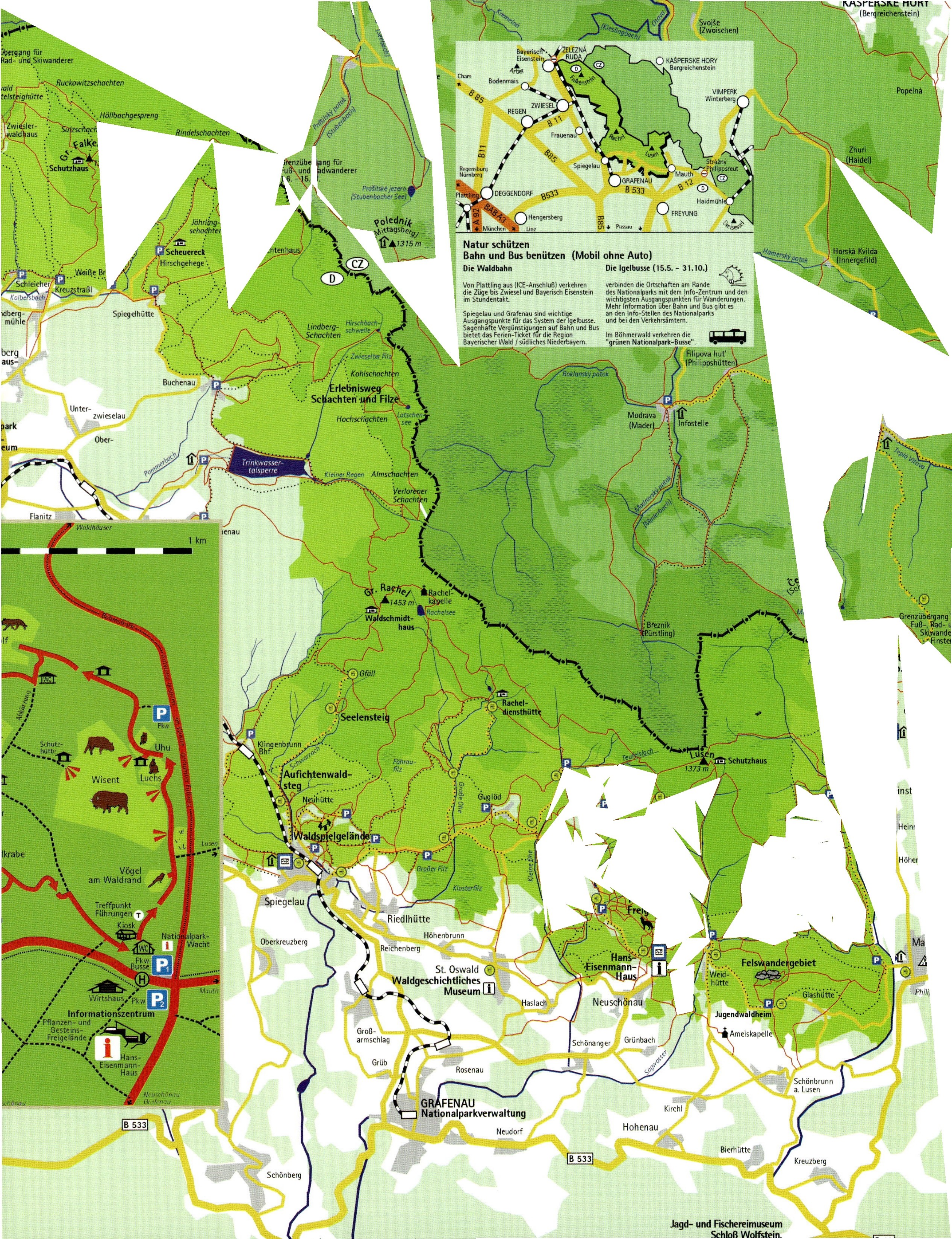

Natur schützen
Bahn und Bus benützen (Mobil ohne Auto)
Die Waldbahn
Von Plattling aus (ICE-Anschluß) verkehren die Züge bis Zwiesel und Bayerisch Eisenstein im Stundentakt.
Spiegelau und Grafenau sind wichtige Ausgangspunkte für das System der Igelbusse. Sagenhafte Vergünstigungen auf Bahn und Bus bietet das Ferien-Ticket für die Region Bayerischer Wald / südliches Niederbayern.
Die Igelbusse (15.5. – 31.10.)
verbinden die Ortschaften am Rande des Nationalparks mit dem Info-Zentrum und den wichtigsten Ausgangspunkten für Wanderungen. Mehr Information über Bahn und Bus gibt es an den Info-Stellen des Nationalparks und bei den Verkehrsämtern.
Im Böhmerwald verkehren die "grünen Nationalpark-Busse".
Bayerisch Eisenstein
ŽELEZNÁ RUDA
KAŠPERSKE HORY Bergreichenstein
VIMPERK Winterberg
Bodenmais
Cham
ZWIESEL
REGEN
Frauenau
Spiegelau
GRAFENAU
Mauth
Strážný Philippsreut
Haidmühle
FREYUNG
DEGGENDORF
Hengersberg
Plattling
Regensburg Nürnberg
München
Linz
Passau
Erlebnisweg Schachten und Filze
Trinkwasser-talsperre
Gr. Rachel 1453 m
Rachelkapelle
Rachelsee
Waldschmidthaus
Rachel-diensthütte
Seelensteig
Aufichtenwald-steg
Waldspielgelände
Klingenbrunn Bhf.
Neuhütte
Guglöd
Lusen 1373 m
Schutzhaus
Spiegelau
Riedlhütte
Höhenbrunn
Reichenberg
Oberkreuzberg
St. Oswald
Waldgeschichtliches Museum
Haslach
Hans-Eisenmann-Haus
Neuschönau
Felswandergebiet
Weidhütte
Glashütte
Jugendwaldheim
Ameiskapelle
Schönanger
Grünbach
Schönbrunn a. Lusen
Groß-armschlag
Grüb
Rosenau
GRAFENAU Nationalparkverwaltung
Neudorf
Kirchl
Hohenau
Bierhütte
Kreuzberg
Schönberg
B 533
Jagd- und Fischereimuseum Schloß Wolfstein
Poledník (Mittagsberg) 1315 m
Modrava (Mader)
Infostelle
Filipova Huť (Philippshütten)
Březník (Pürstling)
Horská Kvilda (Innergefild)
Zhůří (Haidel)
Popelná
Svojše (Zwoischen)
Prášilské jezero (Stubenbacher See)
Lindberg-Schachten
Hirschbachschwelle
Kohlschachten
Hochschachten
Almschachten
Verlorener Schachten
Buchenau
Unter-zwieselau
Spiegelhütte
Scheuereck Hirschgehege
Schleicher
Kreuzstraßl
Gr. Falkenstein
Schutzhaus
Ruckowitzschachten
Rindelschachten
Höllbachgespreng
1 km
Wisent
Luchs
Uhu
Vögel am Waldrand
Treffpunkt Führungen
Kiosk
Nationalpark-Wacht
Wirtshaus
Informationszentrum
Pflanzen- und Gesteins-Freigelände
Hans-Eisenmann-Haus
Waldhäuser
Mauth
Lusen

Nähert man sich dem Bayerischen Wald von Westen aus, so tauchen plötzlich die lang gezogenen, bewaldeten Bergzüge des Vorderen Bayerischen Waldes aus der Donauebene auf. Begrenzt wird der Vorwald von der Donau, dem Grenzkamm zu Tschechien und der Landesgrenze zu Österreich.
Geprägt wird die Landschaft durch den beständigen Wechsel großer Waldgebiete, die heute über die Hälfte des Bayerwaldes bedecken mit bunten Wiesen und kleineren Äckern, die vielfach durch Hecken gegliedert sind. Eine Vielzahl von Bächen und kleinen Flüssen durchzieht die Landschaft. Ihr natürlicher Lauf ist meist noch erhalten. Die Ufer werden von Erlen- und Weidengehölzen gesäumt, die Täler weisen eine Vielzahl blütenreicher Feuchtwiesen auf. Obwohl auch ihre Zahl in den letzten Jahrzehnten erheblich abgenommen hat, sind sie noch immer charakteristisch für den Bayerischen Wald. Aufgrund der hohen Niederschläge konnten sich besonders in den Tallagen im Laufe von Jahrtausenden Hochmoore bilden.
Die wilden Flusstäler von Schwarzem Regen und Ilz haben heute noch viel von ihrem ursprünglichen Charakter bewahrt. Sie bieten Wasseramsel, Eisvogel und auch dem Flussuferläufer ein Zuhause. Das klare, kühle Wasser erfüllt sogar noch die hohen Ansprüche der Flussperlmuschel. Auch der Biber entdeckt langsam diese Gewässer. Fischotter und Luchs breiten sich immer weiter über den gesamten Bayerischen Wald aus.
Auch außerhalb des Nationalparks hat sich eine Vielzahl von naturnahen, attraktiven Lebensräumen erhalten, die eine Entdeckungsreise wert sind.
Das bayerisch-böhmische Grenzgebirge eignet sich vor allem für ruhigen Urlaub draußen in der Natur. Vom Frühjahr bis zum Herbst hat man hier unzählige Möglichkeiten zum Wandern auf die Berggipfel, in der heckengesäumten Landschaft oder entlang der Flüsse. Besonders die tieferen Lagen und die Flüsse bieten sich auch zum Radeln an.
Nach Böhmen hinein wurden eine Reihe von Grenzübergängen geschaffen, die ausschließlich Fußgängern und Radlern vorbehalten sind, z. B. bei Haidmühle in die weiten Auen und Moore des Nationalparks Sumava oder bei Finsterau zur Moldauquelle und nach Kvilda zum Informationszentrum des Nationalparks.
In der letzten Zeit sind zahlreiche Reitbetriebe entstanden, die vielfältige Möglichkeiten zum Reiten in der Landschaft bieten. Während der kurzen Frühjahrshochwasser sind die Flüsse Schwarzer Regen und Ilz beliebte, aber teilweise recht anspruchsvolle Kanu- und Kajakstrecken.
Auch im Winter ist der Bayerische Wald eine Reise wert. Skilanglauf ist Volkssport. Auf zahlreichen schneesicheren und gespurten Loipen, auch über die Grenze, kann man den tief verschneiten Winterwald genießen. Alpinskilauf ist neben dem Großen Arber an ein paar weiteren Bergen möglich.

Großer Arber (2)
Der Große Arber ist mit 1456 m der „König des Bayerwaldes“. Einzigartig sind seine markanten Gipfel, die eiszeitlichen Seen mit ihren steilen Seewänden sowie die noch vorhandenen, kleinen Urwälder. Den weithin sichtbaren Gipfel des höchsten Berges des gesamten Grenzgebirges prägen heute zwei Radarkuppeln und die zahlreichen Waldschneisen der Skipisten. Mehr als 500 Pflanzenarten sind auf diesem Bergmassiv heimisch. Manche sind Relikte der letzten Eiszeit und wachsen außerhalb der Alpen nur auf dem Arbergipfel.
Der Große Arber ist das Zentrum des alpinen Skisports im Bayerischen Wald. 1949 wurde hier die erste Sesselbahn erbaut, seit dem Jahr 2000 führt eine Gondelbahn bequem in die Gipfelregion. Kaum vorstellbar, dass noch Anfang des 19. Jahrhunderts der Arbergipfel als unheimlicher Ort galt, den man am besten meiden sollte. Heute ist der Berg geradezu überlaufen und eine der touristischen Hauptattraktionen des Bayerischen Waldes.
Doch in den Morgen- oder Abendstunden zeigt der Gipfel, das er noch etwas von seinem früheren Zauber bewahrt hat. An klaren Tagen sind über die Waldkuppen des Bayerischen Waldes hinweg sogar die Alpen zu entdecken.

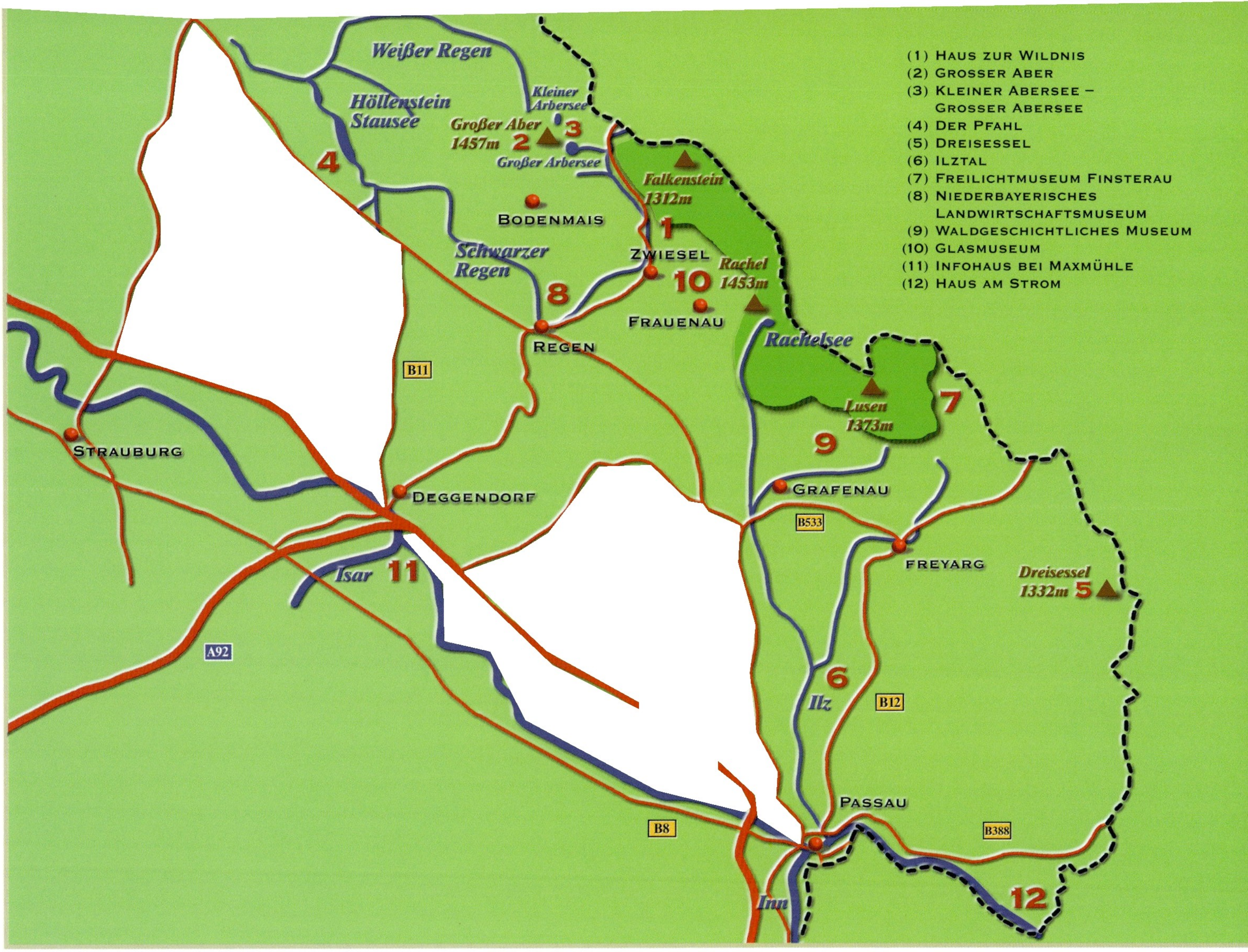

Nationalparks in Deutschland

(1) Nationalpark Niedersächsisches Wattenmeer – *Gründung: 1. Januar 1986; Größe: 2400 qkm mit 3 Schutzzonen.*

(2) Nationalpark Hamburgisches Wattenmeer – *Gründung: 9. April 1990; Größe: 117 qkm mit 2 Schutztonen.*

(3) Nationalpark Schleswig-Holsteinisches Wattenmeer – *Gründung: 1. Oktober 1985; Größe 2850 qkm mit 3 Schutzzonen.*

(4) Nationalpark Vorpommersche Boddenlandschaft – *Gründung: 1. Oktober 1990; Größe 805 qkm mit 2 Schutzzonen.*

(5) Nationalpark Jasmund – *Gründung: 1. Oktober 1990; Größe 30 qkm mit 3 Schutzzonen.*

(6) Nationalpark Unteres Odertal – *Gründung: 29. Juni 1995; Größe 100 qkm.*

(7) Nationalpark Müritz – *Gründung: 1. Oktober 1990; Größe 320 qkm mit 3 Schutzzonen.*

(8) Nationalpark Harz – *Gründung: 1. Januar 1994; Größe 158 qkm.*

(9) Nationalpark Hochharz – *Gründung: 1. Oktober 1990; Größe ca. 58 qkm mit 3 Schutzzonen.*

(10) Nationalpark Sächsische Schweiz – *Gründung: 1. Oktober 1990; Größe ca. 93 qkm mit 2 Schutzzonen.*

(11) Nationalpark Bayerischer Wald – *Gründung: 7. Oktober 1970; Größe 242 qkm.*

(12) Nationalpark Berchtesgaden – *Gründung: 1. August 1978; Größe 210 qkm.*

(13) Nationalpark Hainich – *Gründung: 31. Dezember 1997; Größe 76 qkm.*

Wem der Rummel hier zu groß ist, der kann sich vom Arbergipfel auf den Weg zum Kleinen oder Großen Arbersee machen. Beide Seen sind als Naturschutzgebiete ausgewiesen. Der **Kleine Arbersee (3)** liegt idyllisch inmitten der Bergwälder und ist ausschließlich zu Fuß erreichbar. Der **Große Arbersee** liegt an der Arberseestraße und ist daher genauso überlaufen wie der Gipfel.
Doch der See eröffnet einen Blick in die Steilwand zum Gipfel, in der sich ein geringfügiger Urwaldrest erhalten hat. Durch einen kleinen Rundweg um den See gelangt man zum Fuß dieses Urwaldes und erreicht auch die Schwimmenden Inseln, eine Besonderheit beider Arberseen. Es sind schwimmende Moore, die bei einer früheren Änderung des Wasserstandes vom Ufer abgerissen wurden und seitdem auf der Wasseroberfläche weiter wachsen. Auf einem steilen Weg durch diesen eindrucksvollen Urwald mit seinen kräftigen Buchen und Bergahornen führt ein Weg auf den Arbergipfel.

Der Pfahl (4)

Wie ein Drachenkamm ragt aus dem Granitgestein ein lang gestreckter, heller Quarzfelsen empor. Der 140 Kilometer lange Pfahl ist eine schmale Quarzader, die sich schnurgerade durch den Bayerischen Wald zieht und nur an einigen Stellen sichtbar ist. Bei Viechtach und bei Regen durchbricht der Quarz die Oberfläche. Dieses Gestein beherbergt durch seine steilen, der Sonne ausgesetzten Standorte eine besondere Lebensgemeinschaft. Bei Viechtach sind der Pfahl sowie die Geschichte seines Abbaus zu bewundern, während bei Regen die Ruine der mittelalterlichen Burg Weißenstein auf den schmalen Quarzgang gebaut wurde.

Dreisessel (5)

Den südlichsten Punkt des Bayerischen Waldes markiert die Umgebung des Dreisessel. Hier treffen die Grenzen Deutschlands, Österreichs und Tschechiens zusammen. Die unterschiedlich festen Felsgesteine sind hier zu bizarren Formen verwittert. Nahe der tschechischen Grenze, am Plöckenstein, hat die letzte Eiszeit wie an Arber und Rachel einen Karsee hinterlassen. Über der Steilwand des Sees steht ein Denkmal für Adalbert Stifter, einen der bekanntesten Dichter des Böhmerwaldes.

Ilztal (6)

Die Ilz ist einer der letzten noch natürlichen Wildflüsse Deutschlands. Das Ilztal verbindet die Hochlagen des Bayerischen Waldes mit dem Donauraum. Vom Rachel bis zur Mündung in Passau kann man viele typische Lebensräume des Bayerischen Waldes entlang des Flusses erleben. Das Ilztal, das mal eng von dichten Schluchtwäldern flankiert wird, mal in einem weiteren Talraum mit breitem Wiesengrund verläuft, ist nur zu Fuß, mit dem Rad, oder streckenweise mit dem Boot zu durchqueren.
Zahlreiche andere Bäche haben sich ebenfalls in das harte Gestein hineingearbeitet. Zu den eindrucksvollsten Felsenschluchten gehört die wilde Saußbachklamm bei Waldkirchen. Doch auch die steil aufsteigenden Felshänge in der Buchberger Leite nahe der Stadt Freyung sind ein eindrucksvolles Erlebnis.

Museen (7)

Einen Einblick in die Geschichte des Bayerischen Waldes geben einige Museen, die abseits einer verstaubten Museumstradition sehr lebendig sind.
Bestes Beispiel ist das **Freilichtmuseum Finsterau**. Hier wurden zwar nur wenige Höfe aus dem Bayerischen Wald zusammengetragen, doch jeder Hof stammt aus einer anderen Zeit und ist ein Erlebnis für sich. Die Höfe wurden in ihrem originalen Zustand aufgebaut, so dass auch die baulichen Veränderungen, die im Laufe der Zeit vorgenommen wurden, sichtbar bleiben. Das Museum ist eingebettet in die traditionelle, durch Lesesteinwälle und Hecken durchzogene Kulturlandschaft um Finsterau,

die fast selbst schon Museumscharakter hat. Einen Überblick über die Geschichte der Landwirtschaft im Bayerischen Wald gibt das **Niederbayerische Landwirtschaftsmuseum (8)** in Regen. Hier sind zwar auch landwirtschaftliche Geräte ausgestellt, doch in dem modern konzipierten Museum bekommt man vor allem einen tiefen Einblick in das Leben der Bauern im Bayerischen Wald.
Dagegen erzählt das **Waldgeschichtliche Museum (9)** in St. Oswald, wie sich die Nutzung der endlos erscheinenden Wälder im Bayerischen Wald bis heute entwickelt hat.
Zur Geschichte des Bayerwaldes gehört auch die Glasherstellung, die ab dem 15. Jahrhundert betrieben wurde. Sie kann im **Glasmuseum (10)** in Frauenau besichtigt werden. Das Museum zeigt außerdem eine große Sammlung an Glasprodukten bis hin zum heutigen, künstlerischen Umgang mit Glas. Frauenau ist bekannt als ein Zentrum der modernen Glaskunst.
Über die großen Flüsse am Fuß des Bayerischen Waldes erzählen zwei neue Informationszentren an der Donau unterhalb von Passau und an der Isarmündung. Am Kraftwerk Jochenstein, an der österreichischen Grenze, wurde das „Haus am Strom" Mitte 2000 eröffnet. Alles zum Thema Wasser wird in einer spannenden Erlebniswelt in dem Zentrum, das wie der Rücken eines Fisches gestaltet wurde, präsentiert. Unmittelbar vor dem Haus beginnen die steilen Hänge der sonnigen Donauleiten. In diesem Naturschutzgebiet leben mit Smaragdeidechse und Äskulapnatter besonders seltene Reptilien.
Wo ihr Gefälle immer flacher und ihre Strömung immer langsamer wird, hat die Isar ein Flussdelta ausgebildet, das mit seinen weiten Auwäldern undurchdringlich wie ein Dschungel ist. Die letzten noch verbliebenen Auwälder im Isarmündungsgebiet bei Deggendorf sind in ihrem Artenreichtum einzigartig. Vom neuen **Infohaus bei Maxmühle (11)** inmitten des Mündungsgebietes lässt sich diese faszinierende Auenlandschaft erleben. Im dazu gehörenden Freigelände sind die verschiedenen Auenlebensräume im Kleinen nachgebildet.

Literaturverzeichnis

Abbey, E.: Desert Solitaire. A season in the wilderness. Touchstone: New York 1990.

Bayerisches Staatsministerium für Ernährung, Landwirtschaft und Forsten (Hrsg.): Nationalpark Bayerischer Wald: Eine Landschaft wird Nationalpark. Morsak: Grafenau 1983

Grimm, J. und Grimm, W.: Deutsches Wörterbuch. Bd. 30, bearbeitet von L. Sütterlin. Hirzel: Leipzig 1960

Klostermann, K.: Böhmerwaldskizze. Stutz: Passau 1996

Morgenstern, G.: Galgenlieder. Der Gingganz. Dtv: München 1983, 17. Aufl.

Thoreau, Henry David: Aus den Tagebüchern 1837-1861. Tewes: Oelde 1996

Danksagung

Die Aufnahmen in diesem Bildband entstanden zu einem großen Teil während meines Zivildienstes bei der Nationalparkverwaltung Bayerischer Wald. Ohne die Unterstützung durch den Leiter der Nationalparkverwaltung und seiner Mitarbeiter hätte ich viele dieser Aufnahmen nicht machen können. Darüber hinaus haben noch weitere Personen zum Gelingen dieses Buches beigetragen. Ihnen allen gilt mein herzlicher Dank.
Karl-Friedrich Sinner, der Leiter der Nationalparkverwaltung, hat mich immer wieder ermutigt, einen Bildband über den Nationalpark zu machen und mich in meiner Begeisterung für Wildnis bestärkt. Lukas Laux brachte mir während meines Zivildienstes sehr viel Verständnis entgegen und erleichterte mir das Fotografieren durch eine entsprechende Dienstplangestaltung.
Dr. Wolfgang Scherzinger und Hans Jehl haben mir manchen fachlichen Rat zukommen lassen, Arthur Reinelt hat mich mit den erforderlichen Karten versorgt und Max Reinhard stand mir mit Rat und Tat beim Fotografieren im Tierfreigelände zur Seite.
Einen wichtigen Beitrag zu meiner Arbeit leistete die Firma Nikon mit ihrem ausgezeichneten Service. Darüber hinaus haben mich Udo Höcke und Ralf Bieder immer gerne beraten.
Mara Fuhrmann, Angelika Hofer und Steffi Schuster haben mir wertvolle Anregungen gegeben und mich immer wieder von neuem ermutigt.
Klaus Möller hat als mein „schreibender" Partner einen ganz wesentlichen Anteil an der Entstehung dieses Bildbandes. Seine fachliche Kompetenz als Biologe und seine ausgezeichneten Kenntnisse über den Nationalpark Bayerischer Wald schufen den Wissenshintergrund für die Präsentation meiner Aufnahmen in diesem Buch. Die Zusammenarbeit mit Klaus Möller hat immer sehr viel Freude bereitet. Dank auch an Gabi Blachnik für die geduldige Durchsicht des Textes.
Hubert Tecklenborg hat mir mit seinem Verlag ermöglicht, die Ergebnisse meiner Arbeit in einem Bildband zu präsentieren. Karsten Mosebach war immer ein offener Gesprächspartner für meine Ideen und Vorstellungen.
Jan Tölle hat mich in die Erstellung des Layouts eingebunden.
Einen besonderen Dank möchte ich an dieser Stelle auch an meine Eltern richten. Mit der Wärme ihrer Erziehung haben sie in mir die Liebe zur Natur geweckt und mich für ihre Schönheit sensibilisiert. *Sven Zellner*

Vielen Dank an Sven Zellner, der mir mit seinen eindrucksvollen Bildern noch Unbekanntes im Nationalpark Bayerischer Wald erschlossen hat. Ich bin beeindruckt, wie rasch er ein tiefes Gefühl für diese einzigartige Landschaft entwickelt hat.
Danke an alle Freundinnen und Freunde, die mich während meiner Zeit im Bayerischen Wald begleitet haben. Vielen Dank an Gabi Blachnik, die kompetent und geduldig meinen Text, der in so kurzer Zeit entstanden ist, durchgesehen hat. *Klaus Möller*